Mudder
Vadder
Karl
Frauke
Christine
Willi
Fridderich, wennde nich abhaust,
könnwer nich umblättern!

HANS GÜNTHER OESTERREICH · Die Familie Meierdierks

HANS GÜNTHER OESTERREICH

Die Familie Meierdierks

*

SCHÜNEMANN

3. Auflage 26.–30. Tausend

CIP-Kurztitelaufnahme der Deutschen Bibliothek

Oesterreich, Hans Günther:
Die Familie Meierdierks / Hans Günther Oesterreich.
– Bremen: Schünemann, 1981.
ISBN 3-7961-1731-7

 Druck: Druckhaus Rieck, Delmenhorst, Bindearbeiten: Bernhard Gehring, Bielefeld. Buchausstattung von Hans Eisermann unter Verwendung von Illustrationen von Ditz von Schneidewind. Printed in Germany 1981.
ISBN 3 7961 1731 7

Inhalt

Liebe Gisela und lieber Willi!

Erinnern Sie sich noch – ich muss jetzt ja „Sie“ sagen! – erinnern Sie sich an damals, an diese Zeit der „heilen Welt“, die gerade erst man eben so repariert war, weil sie mal zu „Heil!“ gewesen war? Inzwischen haben Sie selbst ja einen „Willi“ oder eine „Gisela“, die vielleicht heute „René“ oder „Jasmin“ heißen, je nach Romanheld oder letzter Urlaubsgegend.

Kurz: Wenn Sie die Geschichten der Familie M. Ihren Kindern zu lesen geben, seien Sie nicht erstaunt, wenn die Einiges nicht verstehen, sondern seien Sie nett und erklären ihnen, was das damals war: Das „Trümmer-Spielen“, oder was ein „Care-Paket“ bedeutete, was eine „Früh-“ oder „Spätwoche“ war, deren ständiger Wechsel ganze Familien entnervte. Damals gab es noch nicht genügend Schulraum, so daß, wöchentlich abwechselnd, die eine Hälfte der Kinder vormittags, die andere nachmittags unterrichtet wurde.

Aber nun komme ich selber schon ins Erklären und wollte mir doch nur einen erklärenden Index dadurch ersparen, daß Sie Ihren Kindern von der Zeit erzählen, in der es noch kein Fernsehen gab, auch wenn das etwas märchenhaft klingen sollte: „Es war einmal eine Familie . . .“

Die Familie kam damals „durch'n Radio“. Und in ihr kam eben so ziemlich alles vor, was in den besten Familien vorkommt. Fast alles auf „Missingsch“ – vers-teht sich! – manchmal auf Rheinisch, manchmal auf Ostpreußisch. Und wenn Onkel Jan auftauchte, artete es zum Ärger von Tante Gesine zum reinen Platt aus.

Erinnern Sie sich? Ich hoffe es, Und bin mit herzlichen Grüßen Euer, beziehungsweise Ihr sehr ergebener

H.G.O

1. Kapitel

Die Fensterscheibe

Mit großen Schritten ging Vadder um den Küchentisch herum, auf dem Mudder gerade das rotkarierte Handtuch einsprengte. Hier war der einzige Ort im Hause, an dem man es heute aushalten konnte. Die Fenster standen sperrangelweit offen, und Mudder hatte ab und zu von dem Wasser, mit dem sie die Wäsche sprengte, ein paar Spritzer an die Gardinen geschleudert. Das kühlte ab, und man merkte die brütende Hitze nicht so, die draußen auf der Straße herrschte.

„Weißt du, Grethe, ich mach mir dja sons keine Sorgen um den Djungen. Ischa nur deswegen, weil man sich einklich viel zu wenig um kümmert!"

„Um Willi, meinst du?" fragte Mudder und legte das Handtuch zusammen.

„Na klar, Grethe! Manchmal isses doch wirklich nich zum Aushalten mit ihm. Wenn er inne Stube kömmt, schmeißt er man ers mal den ersten besten Stuhl um, und wenn er ein'n die Tageszeit bietet, muß man direkt aufpassen, daß man versteht, wasser sagt, so bölkt er immer drauf los!"

„Och, Heini, das liegt doch so an sein Alter. Da kann ein doch nix an ännern. Das vergeht mitter Zeit. Denk doch mal an Kaal, wie der so alt war, was der so alles angestellt hat!"

„Das war dja auch damals man alles ganz anners. Ich war sowieso nich da und konnt mich nich umme Erziehung kümmern. Aber djetzt müßt man sich mal die Zeit nehmen. Kuck mal, was Willi braucht, is eine starke Hand. Und er braucht auch mal einen, der ihm was erklärt. Das isses, was ich meine, Grethe. Ich muß mir einfach mehr Zeit nehmen und mich um ihn kümmern. Er muß dja mal merken, dasser einen Vater hat. Er braucht eine starke Hand, damit –"

„Pring!!" klirrte es von draußen und unterbrach Vadders Reden am Küchentisch.

„Wieder'n Fenster kaputt!" meinte Mutter lakonisch.

„Ischa auch nich zu blasen mitten Bengels!“ setzte Vadder hinzu. „Überall is Platz, aber patu hier inner Straße müssen se Fußball spielen. Wetten, daß Willi wieder mit bei is? – Was ich dir sage, Grethe, der Djunge braucht eine starke Hand!“

In diesem Augenblick hörte man die Stimme vom Tischlermeister Schnaars, der ein paar Häuser weiter wohnte. Es war nicht genau zu verstehen, was er schrie, weil die Stimme immer überschnappte. Aber etwas von „Fensterscheibe“, „ Lausebengel“ und „bezahlen“ kam in der Schreierei vor. Mudder glaubte auch einen Augenblick, den Namen „Willi“ zu hören.

Dann aber war es still. Die Sonne brütete auf der Straße, und irgend jemand fegte Glasscherben zusammen.

Vadders Gedanken kreisten weiter um das Kinderproblem: „Djetz haben se diesen wunnerbaren Kinnerspielplatz da unten aufgebaut. Aber daß nu mal ’n Kind auf die Idee kommt, da zu spielen! Nee! Inne Trümmer spielen se Räuber und Schandarm. Aufer Straße wird Fußball gespielt, und das ganze Trittoah haben se heute morgen wieder vollgeschmiert für son Hinkepinke; das is doch keine Erziehung mehr!!“

„Aber, Heini, ’nen Kind kannscha die schönste Wachspuppe schenken, mit echtes Haar und mit’n Sprechorganismus. Und dann spielt es doch viel lieber mit’n Stück Holz!“

„Trotzdem muß man die Kinner erziehen!“

Die Türglocke an der Haustür schrillte, und auf der Treppe begann ein Poltern, als ob vier Pferde heraufgaloppierten. Die Tür flog mit einem Knall auf und gegen die Wand, und auf der Schwelle stand Willi.

„Mudder?“ queste Willi. „Ich hab Hunger! Mach mir doch mal ’n Brot!“

„ ‚Bitte‘ heißt das!“ grollte Vadder.

„Bitte!“ echote es von Willi her, und seine geschwärzte Hand fuhr über die Nase zu einem schrecklich schniefenden Geräusch.

„Junge! Haste denn kein Taschentuch! Dascha gräsich, son Benehmen! Und mach mal ers die Tür zu. Trink ’n Schluck Milch. Wir essen dja in ner halben Stunde Abendbrot!“

Statt einer Antwort knallte die Tür ins Schloß. Mit Bewegungen, als seien seine Füße verwachsen und als müsse er durch unsichtbare Stromschnellen schwimmen, bewegte sich Willi zur Speisekammer, um dort eine Flasche Milch an den Mund zu setzen und den weißen Inhalt lautschluckend in einem Zug um die Hälfte zu verringern.

„Kannste denn keine Tasse nehmen, Djunge!“ mahnte Mudder.

„Ich hab son Durst!“ meinte Willi und schnappte nach Atem.

„Wer hat bei Schnaars die Fensterscheibe eingeschmissen?“ fragte Vadder, ungerührt von der Atemnot seines Sohnes.

„Weiß ich nich!“ schluckte Willi uninteressiert und war sogleich mit denselben Schlangenbewegungen und Donnergeräuschen wieder aus der Tür. Draußen polterte es auf der Treppe. Die Türglocke schrillte, und man hörte Willis Stimme auf der Straße. „A – üh, A – üh, A – üh!“ schrie er. Das „A“ begann er mit tiefer Stimmlage, dann brach die Stimme um und endete in hohem „Üh“.

„Du siehst wohl, Grethe, daß ich recht hab! So geht das djedenfalls nich weiter. Der Djunge verludert dja ganz!“

„Das gibt sich noch von alleine!“ wollte Mudder sagen, aber jetzt klingelte es lange und ausdauernd an der Haustür, und Vadder meinte: „Kuck doch mal eben nach, Grethe!“

Er hörte Mudder die Treppe hinabgehen und undeutlich die rauhe Stimme von Herrn Schnaars von nebenan. Da ging auch Vadder nach draußen, um etwas über die Scheibe zu erfahren.

„Es ist ja einwandfrei erwiesen, daß es Ihr Junge war, Frau Meierdierks. Da gibts ja garnix an zu deuteln. Ich hab ihn doch selber von'n Keller aus beobachtet. Dreimal hab ich ihn heute aufgefordert, vor meinem Haus wegzugehen. Der Junge gehorcht ja nich, der is ja völlig verwildert. Und das eine kann ich Ihnen sagen: Wenn ich ihn erwische, kriegt er von mir 'n paar links und rechts hinter die Ohren, da können Sie sich auf verlassen!“

„Un Sie können sich auf verlassen, daß Sie die Finger von den Djungen lassen!“ donnerte Vadders Stimme von der Treppe her. „Wenn mein Djunge das gewesen is, dann wird die Scheibe auch bezahlt. Aber lassen Sie sich dja nich einfallen, dasse ihn anfassen! Ob er ein paar hintere Ohren kriegt, is immer noch meine

Angelegenheit und nich Ihre! Und in übrigen brauchen Sie hier nich so zu schreien. Wir sind absolut nich schwerhörig!"

Herr Schnaars stand schwitzend in der Türöffnung. Die Sonne brannte auf seinen faltigen, braunen Nacken, und er wischte sich mit einem blauen Taschentuch den Schweiß von der Stirn und den Backen.

„Ich laß mir doch von Ihnen nich sagen, wie laut ich zu sprechen habe, Herr Meierdierks. Die ganze Straße weiß doch, was bei Ihnen los is. Das is ja nich mehr zum Aushalten mit Ihrem Bengel. Der wird ja schon zur Landplage!"

Vadder war während dieser Rede langsam bis unten hinuntergegangen, ging von der Treppe her auf die Haustür zu, schob Mudder beiseite und stellte sich breit in die Tür. Als er anfing zu sprechen, war seine Stimme sehr leise. Mudder wußte, was das bedeutete und ging unten in die Wohnstube.

„Lassen Sie es sich in aller Ruhe gesagt sein, Herr Schnaars, daß Sie sich in meinem Hause einen andern Ton angewöhnen dürfen! Ich wiederhole Ihnen, daß die Scheibe bezahlt wird, wenn sie mein Sohn eingeworfen hat. Aber ich sage Ihnen auch, daß Sie hier nich so rumschreien können, wie Sie wollen. Wenn hier einer schreit, dann bin ich das, verstanden?" Und hier dröhnte plötzlich Vadders Stimme wie ein angehender Donner und seine Rede wurde wie ein Gewitter, als er fortfuhr: „Machen Sie, dasse hier rauskommen! Ich hab die Nase voll von Ihrem Gebrüll! Ich fordere Sie zum zweiten Male auf, mein Haus . . ."

Weiter kam er nicht, denn Herr Schnaars machte auf dem Absatz kehrt, humpelte die paar Stufen durch den Vorgarten und blieb draußen an der Gartentüre stehen. Dort holte er tief Luft und schrie mit rotem Kopf: „Ich werde Sie anzeigen! Erziehen Sie Ihren Jungen besser! Wenn Sie das überhaupt können! Wenn man Kinder in die Welt setzt, muß man auch dafür aufkommen! Aber darüber haben Sie sich scheinbar nie Gedanken gemacht! Und wenn Sie die Scheibe nich bezahlen, dann werde ich . . ."

Vadder machte die Tür leise zu und wandte sich zu Mudder, die aus der Wohnzimmertür guckte.

„Wenn der Knallkopp glaubt, dasser sich mir gegenüber sonen Ton erlauben kann, dann hater sich geirrt. Komm rauf, Grethe, und reg dich nich auf!"

„Wie kann der nur so über die Straße wegschrein!" flüsterte Mudder.

„Laß'n doch! Grethe, komm nach oben! Dem werd ich das schon beibringen, wie man mit den Menschen spricht!"

Während beide wieder nach oben stiegen, hörte man von der Straße her noch die sich langsam entfernende Stimme von Herrn Schnaars. Und als Mudder oben das nächste Stück Wäsche zur Hand nahm, war nur noch ein schwach verebbendes Gemurre von weither zu vernehmen. Wahrscheinlich war Herr Schnaars in seinem Keller verschwunden.

Vadder war während der ganzen Zeit sehr ruhig geblieben. Beinahe bewundernd sah Mudder ihn an, während sie einsprengte, aber sie merkte doch, daß Vadders Finger zitterten, als er sich eine Zigarette herausholte und ansteckte.

„Reg dich doch nich über den Kerl auf, Heini! Der is doch inner ganzen Straße bekannt. Der gehört hier dja ganich her in unserer Gegend."

„Das is mir egal. Ich laß mir djedenfalls nich sonen Ton gefallen. Am allerwenigsten in meinem Hause! Und da wird sich auch der Herr noch dran gewöhnen müssen!"

Das „Der Herr" sprach Vadder besonders deutlich und akzentuiert aus. Man merkte daran, wie überlegen Vadder doch im Grunde genommen einem solchen Menschen war.

Nur wenige Minuten dauerte es, bis Ruhe in der Küche einkehrte. Vadder ging weiter wortlos um den Tisch herum; und es schien, als ob seine Gedanken eine Richtung nehmen wollten, weit von der zerbrochenen Scheibe weg.

Aber gerade in diesem Augenblick hörte man erneut von der Straße her Stimmengewirr. Dieses Mal klang es wie ein Bienenschwarm. Erregt summten die Stimmen von Kindern und Erwachsenen von draußen herein, und als Vadder hinter der Gardine her hinuntersah, bot sich ihm das Bild einer demonstrierenden Prozession.

Eine Schar von ein paar Dutzend Kindern, ein paar Erwachsene und vorneweg Herr Schnaars mit einem Polizeiwachtmeister kamen die Straße herunter auf das Haus zu.

„Nu sieh dir das an, Grethe!" meinte Vadder, während er sich hinter der Gardine tarnte. „Djetzt hat der Fent auch noch die Polizei benachrichtigt!"

„Unerhört!" Mudder ließ die Wäsche liegen und trat zu Vadder hinter die Gardine. Beide sahen nun mit schiefem Kopf die Prozession unten auf den Vorgarten zustreben.

Die Prozession war an der Gartentür angekommen.

„Da wohnen sie!" schrie ein Kind und deutete mit dem Finger auf das Fenster, hinter dessen Gardine Vadder und Mudder versteckt waren.

Herr Schnaars ging nur bis zur Gartentür, während der Polizist die Stufen herauf zur Haustür schritt.

Es klingelte.

„Nu geh man runter, Heini, und sag ihm, daß wir die Scheibe bezahlen wollen!"

„Da denk ich ganich an! Wenn Willi sie kaputt gemacht hat, dann werd ich sie auch bezahlen. Aber vorläufig is das dja noch ganich raus!"

Als es zum zweiten Mal klingelte, ging Vadder sehr schnell die Treppe hinunter und öffnete.

„Sind Sie Herr Meierdierks?" fragte der Wachtmeister.

„Ja, bitte sehr, treten Sie näher!"

Vadder öffnete die Tür ganz und machte eine einladende Bewegung.

Aber der Wachtmeister blieb in der Haustür stehen: „Danke schön, ich wurde bloß eben hergerufen, um festzustellen, ob Ihr Junge da drüben die Scheibe eingeworfen hat!"

„Das kann ich Ihnen so nich sagen, Herr Wachtmeister. Ich war dja nich dabei! Aber wir können dja die Kinner da mal fragen. Die werden es dja wissen."

Vadder trat neben den Polizisten in der Haustür.

„Wer hat die Scheibe eingeschmissen?" rief er zum Vorgartengitter hin. Dort hingen die Kinder der Straße mit erwartungsvollen Augen, als ob bevorstände, daß Vadder und Mudder samt

Willi nun in der nächsten Minute in Ketten von dem Polizisten abgeführt würden.

Vadder erhielt zunächst keine Antwort. Bis ein größeres Kind mit Zöpfen sagte: „Das hat Willi getan! Ich hab 'n extra noch gesagt, er soll da nich vorn Haus spielen!"

Kaum hatte das Mädchen den Mund aufgemacht, als ein Chor von Kindern durcheinander schrie: „Willi hat se eingeschmissen!" – „Ich hab's genau gesehen!" – „Mit Absicht!"

Es war ein mörderisches Geschrei. Herr Schnaars drehte an der Gartentür Vadder den Rücken zu und blickte triumphierend auf die gegenüberliegenden Häuser, an deren Fenstern sich immer mehr Nachbarn zeigten.

„Ich werde meinen Djungen fragen!" wandte sich Vadder

zu dem Polizeibeamten. „Wenn es stimmt, wird die Scheibe selbstredend bezahlt!"

„Mehr wollt ich nich wissen!" sagte der Polizist, ging die Stufen hinab zum Vorgartentor, und die ganze Prozession setzte sich wieder in anderer Richtung in Bewegung.

Mudder sah oben durch die Gardinenschlitze, wie Herr Schnaars mit wilden Armbewegungen auf den Polizisten einredete.

„Was hatter bloß dem Schutzmann allens zu erzählen! Nu kuck doch bloß mal, wie er auf ihn einredet!"

„Laß man, Grethe. So sind sone Menschen. Da kann man nix an ännern!"

„Du muscha aber Willi bestrafen. Geht dja nich an, daßer er einfach annern Leuten die Fenster einwerfen kann. Er muscha doch schließlich wissen, daßer das nich darf!"

„Am liebsten würd ich ihm noch 'n Daler schenken, wenner dem Kerl noch sämtliche annern Scheiben einwirft!"

„Aber Heini! Das geht denn doch zu weit. Da kannscha dich nich wunnern, wenn der Djunge so is! Da hat Gesine völlig recht, wen se meint, er würd verzogen!"

„Nu wart doch ab, Grethe. Der Junge kriegt seine Strafe. Er kriegt ne ornliche Tracht Prügel. Kanns dich auf verlassen!"

Es war sieben Uhr abends, als Willi nach Hause kam.

Dann ging alles sehr schnell.

„Hast du die Scheibe bei Schnaars eingeschmissen, Willi?"

„Ja. Der Ball is mir außer Hand geflogen!"

„Dann weißt du dja, was dir blüht!"

Vadders Hand schnellte zu einem Backs auf Willis Gesicht. Der reinigte sich stumm und aß, ohne ein Wort zu sprechen, seine Bratkartoffeln. Es dauerte keine zwanzig Minuten, bis Willi fertig gewaschen und mit geputzten Zähnen im Bett lag.

Als er aus der Stube ging, ohne die üblichen Schwimm- und Stolperbewegungen, meinte Mudder: „Ich denk, du wollts ihm noch'n Tracht Prügel geben, Heini!?"

Da hob Vadder seinen Kopf hinter der Zeitung, in der er zwar geblättert, aber nicht gelesen hatte, und meinte:

„Aber Grethe! Doch nicht bei offene Fenster! Die stehen doch inner ganzen Straße auf!"

2. Kapitel

Nach'n Bleikeller

Es war am Sonntagmorgen kurz vor elf Uhr, als Vadder mit Mudder über den weiteren Verlauf des Tages sprechen wollte. Das frische Oberhemd, das er gerade übergestülpt hatte, hing ihm über die Hosen herunter, und die weiße Pracht des Frischgestärkten schaukelte bei jedem Schritt in sonntäglicher Feierlichkeit.

„Ich denk, daß wir heute nachmittag mal 'n büschen rausfahren, Grethe. Wir können mit'n Schiff nach Vegesack oder vielleicht bis Bremerhaven. Oder wir können auch mit'n Bus bis Syke!"

„Nach Syke wär dja ganz schön. Da is Wald. Und die Kinner können sich auslaufen."

„‚Die Kinner' is gut, Grethe. Kaal is paddeln und Frauke is im Kinnerheim. Da bleibt doch bloß noch Christine und Willi."

„Na dja, den'n tut das bestimmt mal ganz gut. Nu zieh Dein Hemd orntlich an und lauf hier nich den ganzen schönen Sonntagmorgen halbangezogen rum!"

Vadders Blick auf sein frisches Oberhemd war beinahe traurig.

„Grethe, bischa immer so schrecklich kurz angebunnen, wenn ich mal'n Vorschlag mache. Un denn denk ich, du ärgers dich, wenn ich mal son büschen Pläne hab!"

„Ganz und ganich, Heini. Bloß – ich kann das nu mal patu nich leiden, wenn Du so halb angezogen Phillosophie machs, – das kann ich nich."

Während Vadder nach einem Gegenargument suchte, wurde leise die Türklinke heruntergedrückt. Willis Kopf rutschte durch den Türspalt.

„Vadder?"

Vadder wurde jäh im Nachdenken unterbrochen.

„Was is denn nu schon wieder, Djunge!?"

„Gehn wir heute dahin?"

Nichts Gutes ahnend trat Vadder hinter den Küchentisch und

raffte sein Sonntagshemd zusammen, um sich nicht zu viel Blöße zu geben:

„Wohin?“

„Nach’n Bleikeller!“

„Djunge, nu –“

Mudders Hand griff helfend ein. Sie packte energisch nach Willis Arm und drückte ihn zur Tür hinaus.

„Sofort gehste wieder runter zum Spielen, Willi. Hab ich dir nich gesagt, du sollst Vadder nich immer so quälen?“

„Du hast gesagt, wenn Vadder aus’n Büro kommt, isser müde. Aber jetzt isser doch nich aus’n Büro gekommen. Un Vadder hat doch fest versprochen ...“

Mudders Hand faßte fest zu: „Willi! Hörst du nich, wenn deine Mudder mit dir spricht? Du verschwindest sofort und spielst.“

Immer noch stand Willi eisern auf der Türschwelle.

„Is doch keiner aufer Straße!“

„Dann geh alleine und spiel mit ’n Roller!“

„Der is doch kaputt! Den wollte Vadder schon vorgestern heil machen!“

Mudders Hand wurde nun auf einmal unwiderstehlich stark, so daß Willis Gesicht einen erstaunten Ausdruck bekam, als sie ihn endgültig nach draußen schob. „Jetzt geh runter und spiel! Punktum, basta!“

Die Tür war zu. Auf der Treppe stolperte es. Die Hausglocke schrillte. Willi war wieder auf der Straße.

Vadder trat hinter seiner Deckung hervor. Sein Sonntagsfrieden schien gestört.

„Du mußt den Djungen aber nich immer so anfahren, Grethe!“

Mudder blieb sprachlos an der Tür stehen. „Ich – anfahren? Also, Heinrich, dann geh runter und reparier den Djungen sein Roller!“

Vadder begann bei diesen Worten stumm seinen Schlips zu binden. Es dauerte eine ganze Weile, bis er den Faden wiedergefunden hatte.

„Grethe, ich denk gerade. Es liegt dja alles nur daran: Man müßte sich mehr um ihn kümmern! Sehr viel mehr sogar!“

Mudder hantierte mit Geschirr: „So, – daß dir das auch schon auffällt. Ich weiß djedenfalls nur, daß Fidi Cordes mit sein Djungen djeden Sonntag mit'n Rad mit spazieren fährt!"

„So!"

„Dja, djeden Sonntag!"

Vadder zog den Knoten der Krawatte fest. Es war eine silbergraue, seidene Pracht, mit schwarzen Querstreifen, die seit zwei Jahren für den Sonntagsgebrauch bestimmt war.

„Ich hab's mir überlegt, Grethe!"

„Was?"

„Der Djunge soll seinen Willen haben: Ich geh mit ihm nach'n Bleikeller!"

Mudder ließ mit hörbarem Klirren drei Teller auf das Trokkenbrett fallen.

„Du wirst doch nicht, Heini?!"

Vadder glättete seinen Kragen, dabei mit schief geneigtem Kopf im Spiegel seinen Schlips bewundernd, und verkündete die bereits beschlossene Sache: „Warum denn nich? Das is'n schöner Spaziergang durch die Stadt. Und wir sind zum Mittagessen rechtzeitig zurück!"

„Deswegen mein ich ja ganich, Heini. Ich denk nur so – wegen der Leichen!"

„Was für Leichen?"

„In'n Bleikeller!"

„Da sind doch keine Leichen, Grethe!"

„Aber Heini, was dacht's du denn? Das weiß doch djedes Kind, daß da Leichen drin sind!"

„Leichen? Ich denk, das wären Mumien!"

„Nadja – Heini, glaubst du denn, daß das was für Kinner is? So was Gruseliches! Das is doch nix fürn zehnjährigen Djungen."

„Och, Grethe, nu mach mal halblang! Du denks immer, du has'n Säugling vor dir. Der Junge is doch ganz annere Sachen gewohnt. Und er will ja nu mal patu dahin. Nu laß ihn doch!"

Vadder griff nach seiner Jacke, die über der Stuhllehne hing und dokumentierte damit, daß er sich für den Spaziergang fertigmache. So ganz nebenbei aber wollte er sich noch über etwas vergewissern: „Übrigens – bist du mal dagewesen?"

„Innen Bleikeller?"

„Dja! Wo denn sons?"

„Nee! – Du denn?"

„Nee!"

Nach dieser gemeinsamen Feststellung, daß keiner von beiden jemals im Bleikeller war, ging Mudder ans Fenster, um Willi für den Sonntagsspaziergang zu rufen. Ihre Stimme klang sonntäglich-melodisch vom Fenster hinab in die Straße. Mudder sang den Namen ihres Sohnes in zwei Tönen, wie den Anfang des Liedes „Hänschen klein": „Wiii-liii!"

Es dauerte eine Weile, bis Willi antwortete: „Jaa!"

„Komm ra-auf! Die neue Hose anziehen!" Auch diese Worte sang Mudder in derselben Tonfolge mit sanfter Stimme auf die Straße.

Willis Absichten hatten sich inzwischen geändert: „Ich spiel jetz!" schrie er aus irgendeiner Ecke. Sichtbar war er gar nicht.

Jetzt verlor Mudders Stimme allen sonntäglichen Glanz und alle Melodie: „Hörst du nich, Willi? Du solls sofort raufkommen! Vadder geht mit dir nach'n Bleikeller! Du kanns nachher noch weiterspielen!"

Damit, wußte sie, war der Befehl für Willi gegeben, und ohne die Antwort abzuwarten, schloß Mudder das Fenster.

„Daßer mir aber pünklich zun Essen da seid, Heini! Macht doch kein'n Spaß, wenn alles nachher kalt is."

Statt einer Antwort sortierte Vadder seine Brieftasche. Er war so konzentriert auf diese Tätigkeit, die er jeden Sonntag auszuüben pflegte, daß er weder Willis Erscheinen, noch dessen Anziehprozedur bemerkte. Erst das kurze „So – nu könnt ihr los!" von Mudder ließ ihn eilig einen kleinen Zettelhaufen zusammenraffen.

„Bitte, Grethe, laß das hier liegen und wirf es nich weg! Das sind Unterlagen für die Steuer. Ich leg sie hier in'n Schrank. So, Willi, nu wolln wir mal gehn!"

Mudder hielt Willi ihre rechte Backe hin, die er auch wirklich mit einem lauten Kuß bedachte. Um aber das Gleichgewicht zu dieser Zärtlichkeit wiederherzustellen, warf er noch schnell beim Hinausgehen den Küchenschemel um.

Das Kopfschütteln der Eltern feuerte Willi auch noch an, das Treppengeländer zur Fortbewegung abwärts zu benutzen. Mit einem Knall landete er unten an der Haustüre. Vadder spurtete hinterher, von Mudders Pünktlichkeitsermahnungen bis zur Haustür begleitet.

„Tschüs, Grethe!"

„Tschüs, Heini!"

Dann öffnete Vadder die Haustür und rannte beinahe mit Onkel Jan zusammen, der gerade klingeln wollte.

„Zieh, Heini! Spaziergang machen?" sagte Onkel Jan und tippte dabei an den Lackrand seiner blauen Schippermütze. „Wo wollt Ihr denn hin?"

„Mojn, Djan! Tja – wir wollen nach'n Bleikeller!"

Onkel Jans Gesicht bekam einen Ausdruck, als habe man ihm eben erzählt, Vadder sei leicht geisteskrank, nur wisse er es nicht selbst.

„Nach'n – – nach'n was?"

„Nach'n Bleikeller!" murrte Vadder, und Willi erklärte das noch mit den Worten: „Wo die Leichen drin sind!"

Noch etwas unsicher, ob er auch wirklich richtig gehört hatte, sagte Onkel Jan: „Nach'n Bleikeller! So. Na. Da willst du mit deinem Djunior heute hin. Am frühen Sonntagmorgen! Na, also –"

„Djan, wenn man Kinner in die Welt setzt, dann muß man sich wohl ab und an mal drum kümmern, nich?"

„Da hast du recht, Heini!" entschloß sich Jan. „Paß mal auf: Ich geh mit! Eigentlich wollte ich nur eben mal vorbeikommen. Aber nach'n Bleikeller – da geh ich eben mit hin!"

Im Hinausgehen noch informierte Vadder Mudder durchs Treppenhaus: „Grethe! Hier is Onkel Djan! Er geht mit uns zusammen!"

„Is gut, Heini! Aber seid pünktlich wieder da!"

Damit schlug die Haustür hinter ihnen zu, und die drei Männer zogen los in Richtung Stadtmitte. Es war ein wirklich schöner Sonntagmorgen. Der Himmel strahlend blau. Und von weit her wehte der sanfte Sommerwind ab und zu die vertrauten Klänge der Kirchenglocken herüber. Sonntäglich gekleidete Menschen spazierten an den weiten Rändern der Ruinen, in denen das Unkraut mit gelben und roten Blumen wucherte, wie in einem großen Garten. Aus der Ferne schimmerten die hellgrünen Spitzen der Domtürme, und die Mühle am Wall reckte ihre vier Flügel in den wolkenlosen, blauen Himmel.

„Sag mal, Djan“, begann Vadder ein Gespräch, „warst du einklich mal innen Bleikeller?“

„Nach'n Bleikeller? Nee, da war ich noch nich. Aber Fietje Cordes sein Vadder, der war da mal drin, und der hat mir das genau erklärt!“

„Der war dja auch kein Bremer!“ meinte Vadder verächtlich.

„Wieso?“

„Hast du schon mal'n Bremer gesehen, der schon mal nach'n Bleikeller war?“

Das war ein gelungener Spaß, und Jan erwiderte: „Das stimmt! Das is dasselbe wie annerswo. Hast du schon mal 'n Pariser gesehn, der schon mal auf'n Eiffelturm gewesen is?“

Vadder wollte gerade noch ein paar Beispiele dazuerfinden, als er wie angewurzelt stehen blieb: „Willi!“

Auf einmal hatte er gemerkt, daß die hastig trippelnden Schritte des Junior neben ihm aufgehört hatten. Willis roter Pullover leuchtete da aus den Ruinen eines Hauses.

„Willi!! Kommst du sofort da aus den Trümmern raus!" rief Vadder mit Stentorstimme. Aber Willi war nicht gewillt, dem Ruf zu folgen: „Vadder, ich hab ne Badewanne gefunnen!" schrie er zurück.

„Laß die Badewanne da liegen und komm sofort hierher!"

Der Ton in Vadders Stimme ließ Willi nun doch von seinem Fund ablassen, und er trödelte langsam auf die wartenden Männer zu.

„Nu komm all, Djunge! Wir kommen dja nich mehr zeitig. Gib Vadder die Hand, und dann gehts djetz aber dalli!"

„Kuck mal, wie schön da hinten der Dom liegt. Da müssen wir djetzt hin! Das is noch'n weiter Weg!" Jans Versuch, Willi von seinem Fund wegzubringen, scheiterte kläglich.

„Wenn man sone Badewanne nu wegnimmt, kann man die denn behalten?" fragte der Junior.

„Du kannst doch man nich einfach was wegnehmen, was fremdes Eigentum is!" belehrte ihn Vadder.

„Was is ‚Eigentum'?"

„Eigentum is etwas –" so begann Jan zu erklären.

„– was einem zu eigen is!" setzte Vadder fort. „Was man besitzt! Was einem gehört! Verstehst du das?"

„Aber die Badewanne gehört doch niemand!"

„Doch! Die gehört dem, dem das Haus gehört!"

„Das Haus is doch kaputt!"

Vadders Erklärung begann einen leicht unwilligen Unterton zu bekommen: „Aber trotzdem gehört es einen!"

„Warum holt der denn die Badewanne nich ab?"

Jetzt waren sie nahe dem Eingang zum Europahafen. Jan hielt einen Augenblick an: „Du, Heini, 'ntschuldige, ich muß da nochmal eben einen Freund guten Tag sagen!"

„Wo?"

„Da drüben! Adrian Burkert! Der hat da seine Wirtschaft. Dauert nur 'n kleinen Momang. Kommt doch eben noch mit rein!"

„Das darf aber nich lange dauern, Jan. Wir müssen uns beeilen. Grethe wartet doch mit'n Essen!"

„Aber Heini! Da kannst dich fest auf verlassen. Wir können dja auch gleich die Elektrische nehmen. Komm Willi, wir gehen da noch schnell mal rüber zu 'nen Freund von Onkel Jan, nich?"

„Hat der Kufu?"

„Was soller haben?"

„Kufu!" entgegnete Willi deutlich. „Kufu-Preßkörper!"

Vadder erklärte: „Das sind sone kleinen gepreßten Tiere und Bäume, so aus son Kunststoff! Die gibts zu Margarine zu!"

„Djaaa, die hat der!" versprach Jan. „Und wenn er se nich hat, denn krist Du von mir morgen zehn — wie heißen die Dinger?"

„Kufu!"

„Dja, Kufu! Zehn Kufu-Preßköpfe!"

„Preß*körper!*" berichtigte Willi.

„Dja! Zehn Stück, Willi. Kannst dich auf verlassen!"

Ein paar Schritte über den Fahrdamm, und die Tür schloß sich hinter den Dreien.

Die Sonne kroch indessen weiter am blauen Himmel, und der Uhrzeiger auf Mudders Küchenuhr auch. Bald zeigte er auf halb zwei. Auf dem Herd standen Kartoffeln, Gemüse und Fleisch warm, und jeden Augenblick wartete Mudder auf das Schrillen der Haustürglocke.

„Rrrrring!" ging die Glocke.

Aber schon an den Schritten auf der Treppe erkannte Mudder, daß es Christine war.

„Tag, Mudder!" sagte sie, als sie in die Küche kam. Dabei pustete sie sich eine Haarsträhne aus dem Gesicht.

„Christine! Ich dacht all, es wär Vadder!" Mutter setzte den Kartoffeltopf wieder auf den Herd zurück.

„Wieso — is Vadder weg?"

„Ja, der is mit Willi und Djan nach'n Bleikeller! Um eins wollten sie pünktlich wieder da sein."

„Ischa schon halb zwei!"

„Das macht dja nix, Kind. Ich hab dja nich auf die Minute gerechnet! — Wie wars denn bei dir inner Kirche?"

„Och", meinte Christine und zog sich dabei den Mantel aus. „War ganz schön!"

„So?" wollte die Mudder wissen, „von was war denn die Predigt?"

Christine fuhr sich mit dem Kamm durch die Haare, als hätte sie gar nichts gehört. „Wann wollte Vadder wieder da sein?" fragte sie.

„Um eins, hab ich gesagt!"

„Wetten, daß die noch wo eingekehrt sind, Mudder?" meinte Christine. „Wenn Onkel Jan dabei is, dann –"

Mudder unterbrach diese Verdächtigung mit der hartnäckigen Gegenfrage: „Wie wars denn inner Kirche? Nu erzähl doch mal!"

„Ich sag doch: Schön!"

„Was heißt ‚schön'?"

Christine drehte sich vom Spiegel weg: „Du willst ja bloß wissen, daß ich nich in der Kirche war!"

Und Mudder antwortete seelenruhig: „Das weiß ich dja auch so. Oder glaubst du vielleich, ich hätte gedacht, daß du bei so'n schönes Wetter inne Kirche gehst?"

„Was hast du denn gedacht?"

„In'n Bürgerpaak!"

„Nee, falsch!"

„Wo denn?"

„In'n Stadtwald!"

„Noch schlimmer! Un mit wen?"

„Rrrrrring!" unterbrach die Befragung der Ton der Haustürglocke. „Da sind se!" sagte Christine erleichtert. Es waren dieses Mal mehr als ein Dutzend Pferde, die die Treppe heraufzugaloppieren schienen. Die Tür öffnete sich mit vehementem Schwung, und in der Küche standen wie die Orgelpfeifen: Onkel Jan, Vadder und Willi.

Wenn Mudder einen Schreck bekam, pflegte sie immer eine Hand vor den Mund zu halten und die Augen aufzureissen. In diesem Augenblick aber nahm sie beide Hände und hielt sie vor's Gesicht.

„Heini! Djan! Wie steht ihr denn zu?! Willi!!! Was hast du denn mit deine Hose gemacht?"

Die drei blickten an sich herab. Onkel Jans Hosen hatten an den Knien schneeweiße Puderflecken. Vadder versuchte mit dem

Jackenärmel ein paar Lehmreste vom Anzug zu entfernen. Und Willi hatte zwischen den Fingern und in der Handfläche schön klebrigen Teer, mit dem er auch einen Teil seines Gesichtes verziert hatte.

„Laß man, Mudder!“ meinte Vadder.

Willi aber überschlug sich förmlich: „Das war prima heute, Mudder!“

Mudder nahm die Hände vom Gesicht: „Um himmelswillen, wo seid Ihr denn bloß gewesen?“

Willis Bericht sprudelte über seine geteerten Lippen: „Mensch, Mudder, das war prima! Vadder und Onkel Jan und ich haben Räuber und Schandarm in die Trümmer gespielt. Und Vadder war Räuber. Und Onkel Jan und ich Schandarm. Und da hab'n wir Vadder gefesselt und untere Badewanne gelegt!“

„Unter welche Badewanne?“

„Unter das Eigentum! Und Onkel Jan und ich haben ümmer mit Backsteine da drauf gehauen, bis Vadder um Hilfe schrie. Und morgen krieg ich von Onkel Jan zehn Kufu!“

„Jaaa, die hab ich ihm versprochen!“ versuchte Jan abzulenken. „Die kriegt er morgen von mir, nich?“

„Denn seid Ihr ganich innen Bleikeller gewesen?“ wollte Mudder wissen.

„Nein, Grethe, ich sag doch: Der war schon zu, und da haben wir in den Trümmern 'n büschen Räuber und Schandarm gespielt!“

Dabei bürstete Vadder weiter mit dem Ärmel seiner Jacke über den Anzug.

„Denn macht Euch man sauber und wascht Euch die Hände!“ sagte Mudder streng. „Christine! Bring die Teller rein!“

Vadder bürstete an seinem Rock. Als Christine mit den Tellern aus der Küche klapperte, hob er den Kopf: „War sie inner Kirche?“ fragte er.

„Das weißt Du doch!“ sagte Mudder.

„Und was hat er gepredigt?“ Vadder stand jetzt wieder aufrecht, jeder Zoll ein Familienoberhaupt.

Als Mudder ihn so stehen sah, tat sie etwas, was sie selten machte: Sie stemmte die Arme in die Seiten. Und dann sagte sie sehr laut und deutlich:

„Lukas Eins, Vers Drei! Nu geht bloß und wascht Eure Finger!“

3. Kapitel

Es kommt beinahe alles raus!

„Wo is Christine?“ fragte Vadder, als er die letzte Schüssel abtrocknete und auf das Trockenbrett stellte.

Mudder wirtschaftete in der Speisekammer. Es war wieder einmal spät geworden mit dem Essen, und daher waren weder Vadder noch Mudder in besonders rosiger Laune. Ganz nebenbei klang es daher auch wenig freundlich aus der Speisekammer zurück: „Weiß *ich* doch nich!“

„So!“ meinte Vadder. „Du weißt das nich! Nu komm doch wenigstens aus der Speisekammer raus. So kann man doch nich mitenanner reden!“

Mudder ließ sich Zeit mit dem Rauskommen. Währenddessen ging Vadder durch die Küche. Hin und her. Und her und hin.

„Ich versteh dich manchmal nich, Grethe!“ brach er das Schweigen. „Der Vater darf das Geschirr abtrocknen, und unser Fräulein Tochter treibt sich mal wieder in der Gegend rum!“

„Rumtreiben?“ meinte Mutter. „Rumtreiben tut sich höchstens dein Herr Sohn!“

„Kaal?“

„Dja! Karrel!“

„Och, Grethe, nu stell dich doch man nich an. Ich kenn doch Kaal. Da kannste ganz ruhig sein. Der is in Ordnung!“

„Hast du dir gedacht!“

„Wieso meinst du das?“

„Das is so –“ und damit rückte sich Mudder einen Stuhl zurecht. „Ich hab mir neulich auf'n Gartenfest die Mädchen alle nacher Reihe angekuckt. Un ich kann nur sagen: Eine nacher annern – – nix! Aber auch gar nix dran!!“

„So!“

„Dja. Da war aber auch nich eine bei, die nich angemalt war wie 'n Indianer. Und angezogen waren die – also ich hätte mich geschämt, hätt ich mich, so rumzulaufen. Die kleine Gisela Wetjen –“

„Wätzke!“

„Nadja – das ischa kein richtiger Name – djedenfalls: Die hatte ein Rock an, daß mir rein schwindelig wurde vor lauter Farbe. Son richtiger Amistoff. Und die Haare hat se sich hinten rübergerafft wie 'n Schinese mit 'n Ferdeschwanz innen Nacken. War nich mehr schön, sowas!"

„So. Na – ich kann da nix bei finnen! In Gegenteil: Ich fand die Deerns ganz nett!"

Mudders Lachen klang nicht ganz natürlich, als sie damit auf diesen Satz von Vadder antworten wollte. Etwas spitz bemerkte sie: „Na, denn gratuliere ich dir zu dieser Schwiegertochter!"

Dieses Mal versuchte Vadder es mit einem Lachen als Antwort. Aber auch das kam nicht so recht über seine Lippen. „Von Schwiegertochter hat kein Mensch geredet, Grethe! Man daß die kleine Gisela nix taugen soll – ich weiß nich, du, das Empfinden hab ich patu nich!"

Mudder erregte sich: „Heini! Laß es dir gesagt sein: Die is en falscher Fümfziger! Wenn die mich aufer Straße sieht, dann lächelt se so honigsüß und babbelt helleweg ‚Tag, Frau Meierdierks! Wie gehts, Frau Meierdierks? Schönes Wetter heute, nich, Frau Meierdierks?' Nee, Heini, das is ne Heimliche! Der trau ich keinen Schritt nich übern Weg. Und Kaal is dja viel zu gut. Der merkt das dja ganich. Der wird noch ganz angesteckt vonner Heimlichtuerei. Und – Heini –", hier brach Mudders Stimme etwas, „er war das ehrlichste Kind der Welt! Er hat doch nie gelogen!"

Jetzt klang Vadders Lachen echt: „Nie gelogen! Da kennste deinen Kaal aber schlecht!"

„Nein, Heini, bestimmt! Das mag wohl mal ne Notlüge gewesen sein, aber er hat *mir* ümmer alles gesagt! Und nu er mit der Gisela zusammen is, da is er richtig verschlossen. Gibt keine Antwort und is schlechter Laune. Und man will doch schließlich nur das Beste! Ich vertrage nu mal eben nich sone Geheimnistuerei, Heini!"

Vadders Gesicht hellte sich zu einem Lächeln auf.

Mudder drehte in Gedanken die eine Ecke des Tischtuches zu einem wurstähnlichen Gebilde, so erregt war sie. „Was grinst du denn nur so, Heini! So komisch is die Sache nu wirklich nich!"

„Och", meinte Vadder, „ich denk bloß son paar über zwanzig Jahre zurück, Grethe. Da hatte ich doch mal 'n Paddelboot an der Munte zu liegen. Das hieß „Qualle". Auf dies Paddelboot hab ich alles gespart, was ich so als Lehrling verdiente. Da war ich in sonen Paddelklub, und da haben wir uns jede Woche einmal getroffen bei Schäfer, gleich bei Bambüdel um die Ecke. Und da tranken wir denn so ein oder zwei Tulpen und das Annere wurde gespart."

Wenn Vadder von „früher" erzählte, konnte Mudder stundenlang zuhören. Das war immer interessant, und manchmal konnte man doch so manchen Rückschluß auf sein Leben daraus ziehen. Und so hörte auch heute Mudder wieder gebannt zu.

„So vor 25 Djahren war das. Da hatte ich wieder mal so viel zusammen, daß ich mir sogar 'n Grammophon dazu kaufen konnte. Ganz neues Modell war das damals. Mit Saxophontrichter. Das nahm ich denn so mit und schaukelte mit meiner ‚Qualle' und mit Musik den Kuhgraben längs. Ich weiß es noch wie heute: Oben, aufer Straße, zwischen Kuhgraben und Stadtwald, standen die ganzen Radfahrer und hörten sich die Musik vonner Tanzkapelle an. Und wenn die zuende war, denn drehte ich mein Grammophon auf. Und da war es auch, daß ich mich in sone Kleine verliebte, mit nen weißen Kleid und nen Bubikopf. Die stand da ümmer oben und hatte sone Kanarienvögel aus Zellerleud an'n Rad und 'n paar Windmühlenflügel aufer Lenkstange."

„In die hast de dich verliebt?" fragte Mudder, als Vadder einen Augenblick lächelnd im Erzählen innehielt.

„Achzo dja", fuhr er fort. „Und die lernte ich denn richtig kennen. Und denn haben wir uns an einen Abend in'n Europa-Café verlobt!"

„Was?" Mudder lehnte sich einen Augenblick zurück. „Das wußt ich dja ganich!"

„Das isses dja, Grethe. Das hat damals auch niemand gewußt. Das haben wir so ganz stillklammheimlich, haben wir das gemacht. Wir saßen da im Café, nich unten, wo Mary sonst ümmer saß –"

„Aha – das war die Mary!"

„Dja. Die saß sonst ümmer unten, gleich an'n Eingang, wo die Leute aus Schwachhausen ümmer ihre Plätze gehabt haben. Nein, diesmal haben wir oben gesessen, direkt bei'er Musik. Und dann haben wir ein paar Mal getanzt, und beim dritten Mal hab ich gefragt, ob se nich meine Frau werden will."

„Heini!"

„Dja – und da hat se auch ‚Ja!' gesagt. Und kein Mensch hat geahnt, daß wir verlobt waren."

„Zo!"

„Dja. Und denn hat se mich nach'n halben Djahr sitzen lassen. Un kein Mensch hat das gemerkt."

Manchmal war es etwas schleierhaft für Mudder, den verschlungenen Gedankengängen von Vadder zu folgen, und wenn sie mal abgespannt und „schlecht zuwege" war, dann nannte sie solch lange Reden „langatmig". Wo sich heute aber wieder ein Schleier von der dunklen Vergangenheit Vadders hob, blieb ihr Interesse hellwach.

„Dasse dich hat sitzen gelassen, hab ich dja gewußt. Aber daß ihr euch richtig verlobt habt, das hast du mir erst heute klargemacht, Heini!"

„Laß mich ausreden, Grethe. Siehst du: Und weil se mir den Laufpaß gegeben hat, deshalb habe ich damals aus Verzweiflung die ‚Qualle' verkauft. Und weil ich nich mehr anner Munte paddeln wollte, hab ich eine Jolle aufer Lesum gekauft. Und wenn ich die nich gekauft hätte, dann hätt ich dich ja nich kennengelernt. Siehst du?"

„Ooch – das is aber mal 'n Beweis!"

„Stimmt der etwa nich?"

„Doch – bloß en büschen an den Haaren herbeigezogen, Heini!"

„Unsinn! Ich hab Dir nur bewiesen, daß ich mit der Heimlichtuerei doch zuletzt – die beste Frau gekriegt hab. Stimmts?"

In solchem Moment, wenn Heini so deutliche Komplimente machte, wurde Mudder oft recht verlegen und versuchte, durch sachliches Argumentieren der Sache einen anderen Charakter zu geben.

„Und die ‚Qualle' is schuld dran, Heini?"

„Natürlich! Die ‚Qualle'! Klar! Die hatte ich dja ganz vergessen! Die ‚Qualle' und Mary!"

Dann faßte Vadder Mudders Hand und klopfte sie zärtlich: „Es kann doch nix schiefgehen, Grethe! Der Kaal is doch genau so wie ich! Der kriegt schon die Richtige!"

Die Tür ging auf und der Älteste, von dem die Rede war, betrat die Küche. Sein Gesicht hatte einen gequälten Ausdruck, seine Haltung etwas Suchendes. Von den Eltern nahm er nur mit einem kurzen „Nabend" Notiz. Dann ging er wie suchend durch den Raum.

Mudders Blick bekam etwas Sorgenvolles im Ausdruck. Ihre Augen verfolgten Karl, wie man einen Kranken anblickt, der zum ersten Mal aus dem Bett aufgestanden ist und jeden Moment umzukippen droht.

„Hast du was, Djunge?"

Auch in Mudders Stimme war der Ton einer Krankenschwester.

Karl schien bei dieser Anrede wie aus tiefen Gedanken jäh zu erwachen.

„Was is denn?" fragte er nervös.

„Hast du was, Djunge?" wiederholte Mudder.

Aber Karl drehte sich schon wieder um, mit den Augen die Küche absuchend und ganz nebenbei bemerkend: „Was soll ich denn bloß haben!"

Und Vadder fügte dem mit leichtem Kopfschütteln hinzu: „Das muß ich dja auch sagen: Was soll er denn bloß hab'n!"

Karl kam nun, weil er auf kein Echo stieß, auf den Gegenstand seiner Gedanken: „Ich such den Wümpel!"

„Was für'n Wümpel?"

„Von'n Klub!"

„Den haste doch gerade erst abgemacht!" versuchte Vadder einzuwenden. „Zu mir haste gesagt, das wär reine Angabe und sowas steckste nich mehr an dein Boot!"

„Hast du den weggeschmissen, Mudder?"

„Ich schmeiße nix weg. Ich rühr deine Sachen überhaupt nich an!"

„War das so einer mit Blau-Rot drin?" fragte Vadder mit Detektivblick.

Karl horchte auf: „Ja! Wo is der?"

„Da! In'n Schuhkasten. Da hab ich mir heute morgen die Schuh mit abgeputzt!"

„Och, Mensch, Vadder!"

Der Schuhkasten unten im Küchenschränkchen flog auf, und aus einem Bündel undefinierbarer Stoffreste schälte sich langsam der blaurote Klubwimpel.

„Nu kuck dir das an, Mudder! Vollkommen verdorben!"

„Nu stell dich nich an, Djunge. Gib den Wümpel her. Ich wasch dir die Flecken schnell raus!"

„Aber daß die Farben nich auslaufen!"

Es war wieder so weit, daß Mudder die Arme in die Seite stemmte: „Hast du schon mal erlebt, daß was ausgelaufen is, wenn deine Mudder dir was gewaschen hat?"

Mit unverständlichem Gemurmel schloß Karl die Tür hinter sich. Aber gerade, als Mudder stumm zu Vadder hinübersehen wollte, war Karl schon wieder in der Küche: „Was ich sagen wollte, Mudder! Ich brauch den Wümpel aber morgen früh! Wir fahren nämlich mit'n Klub raus!"

„Mit'n Klub? Oder –" hier bekam Mudder eine Falte auf die Stirn, „– oder mit den Damens!?"

Ohne sie anzusehen antwortete Karl: „Ich sag doch: Mit'n Klub!"

Mudder blieb hartnäckig: „Ohne Damens?"

Karl seufzte und verdrehte die Augen: „Mudder, mach mich doch nich verrückt!"

„Kannst du Willi denn nich mal mitnehmen? Damit er mal vonner Straße kommt?"

Karl wiederholte Seufzer und Augenrollen und argumentierte: „Mudder! Ich kann doch nich, wenn wir mit'n Klub wegfahren, da kann ich doch nich mit Willi ankommen! Und außerdem kann er doch noch ganich schwimmen!"

Mudder ließ nun endlich die Arme sinken, ergriff den Wimpel vom Tisch und besah ihn mit fachmännischen Augen. „Den kannste morgen kriegen", sagte sie. Und als Karl endgültig aus der Küche war, meinte sie zu Vadder: „Mir kommt das alles 'n büschen komisch vor, Heini. Aber ich sag nix mehr!" Stumm ließ sie kaltes Wasser auf das Seifenpulver in der Wanne laufen, und stumm rubbelte sie den Wimpel dann in lauwarmem Wasser so lange, bis seine Farben wieder leuchtend blau und rot hervorkamen.

Nach einer ganzen Weile kam erst wieder ein Gespräch in Fluß, bei dem sich Vadder und Mudder ernstlich überlegten, ob sie nicht doch in der Erziehung der Kinder Fehler gemacht hätten.

„Ich versteh es nicht, Heini!" meinte sie abschließend. „Ich bin doch wirklich wie eine Schwester zu Kaal!"

„Dja!" meinte Vadder. „Und ich wie'n Bruder zu Christine!"

Damit griff er zur Zeitung und versenkte seine Gedanken in den Anzeigenteil. Unter „Zu verkaufen" las er, was an günstigen Angeboten auf dem Markt war.

Am Abend war der Wimpel fertig. Mudder hatte ihn mit einem nicht zu heißen Eisen gebügelt und dann in Karls Stube aufs Bett gelegt.

Als die Eltern zu Bett gegangen waren und Vadder den Wecker abstellte, weil morgen Sonntag war, fuhren beide durch den ungewöhnlichen Abendgruß ihres Sohnes Karl noch einmal aus den Kissen hoch.

„Mudder!" schrie Karl durch das Treppenhaus. „Der Wümpel ist prima geworden!" Und dann nach einer Pause: „Nacht, Mudder! Ich wollt dascha nur eben sagen, weil ich schon um sechs abhau!"

Die Nacht war schnell herum. Es war eine wunderbare, warme Nacht, in der alle Straßen Bremens nach Heu dufteten. Nach dem Heu draußen auf den weiten Wiesen, durch die die Wümme floß und die Ochtum und die Lesum. Karl hatte die Fenster weit aufgemacht und träumte von diesen Wiesen da draußen mit tiefen, ruhigen Atemzügen.

Bis der Wecker schrillte.

In blitzartiger Geschwindigkeit war Karl aus dem Bett. Kaum zehn Minuten dauerte es, bis er unten vor dem Haus auf sein Rad stieg und in Richtung Stadt zum Bootshaus fuhr.

Die Straßen waren wie ausgestorben. Obwohl die Sonne schien. Selbst in der Obernstraße leuchteten ihre schon warmen

Strahlen auf menschenleere Bürgersteige. Als er auf den Markt einbog, schlug es vom Dom sechs Uhr. Er nahm elegant die Kurve beim Schütting, flitzte haarscharf an der Verkehrsinsel vorbei und genoß die völlige Leere des Platzes als Alleinherrscher des Verkehrs.

Unten, an der Ecke der Baumwollbörse stand Gisela. Als sie Karl kommen sah, setzte sie sich abfahrbereit auf ihren Sattel, und als er zu ihr hinüberkurvte, fuhr sie los.

„Mojn!“ sagte Karl und trat auf die Pedale.

Und Gisela antwortete ebenso: „Mojn!“ Sie hatte ihren weiten roten Rock an und die weiße Bluse mit dem tiefen Ausschnitt, und hinten auf dem Gepäckträger wackelten Proviant und Thermosflasche in einem leuchtend blauen Badelaken.

Durch ihre sonnenbraune Haut wirkte das alles sehr farbig. Es waren Farben, die Mudder Meierdierks als „gräsig“ bezeichnete.

Karl fuhr bis zum Bootshaus ziemlich wortlos an Giselas Seite. Ihn schienen die Farben nicht im geringsten zu beunruhigen oder zu stören.

Das Boot lag da in seinem frischen Lack und trug die beiden hinaus in die Wiesen. Bis zum Mittag wurde gepaddelt. Irgendwo draußen in einem Wümmearm fiel es Karl auf, daß Gisela grundsätzliche Fehler machte.

„Mönsch, Gisela, nu tauch doch nich immer so tief ein. Das spritzt ja alles hier rüber! — — Nein! Nich so! Nu paß doch auf, Mönsch. Ich spritz dja ganz voll!“

Es schien wirklich hoffnungslos, daß Gisela jemals die Kunst des Paddelns erlernen würde. Schließlich, an einer Stelle, an der das Schilf bis in die Mitte des Wassers vorwuchs, meinte Karl: „Fahr man da rechts rein ins Schilf! Ich hab keine Lust mehr!“

Leise raschelnd bremste das schmale Boot in dem hohen, grünen Schilfwald, so daß es beinahe ganz eingeschlossen war.

„Hier können wir uns sonnen, Gisela!“ sagte Karl sachlich. „Hol da man vorn das Radio raus. Liegt vorn drin.“

Der „Kofferempfänger“ hatte eine etwas krächzende Stimme. „Sie hören jetzt einen Vortrag der Schriftstellerin Auguste Stedler-Altmann über ihren neuen Roman ‚Frau im Dunkel‘!“ sagte eine Sprecherin und dann mischte sich das, was Auguste Stedler-Altmann sprach, mit jedem Wort, was Gisela zu Karl sagte.

„Hier is schön, nich?“ – „in dem ersten Kapitel meines Buches . . .“ – „Ich versteh nich!“ – „Ich mein: Hier is es so schön ruhig! Kein Mensch weit und breit!“ – „In der ganzen Anlage glaube ich mehr über die Frau auszusagen, als . . .“ – „Ich versteh nix! Mach das Ding man wieder aus!“

„Knips!“ Der Kofferempfänger schwieg, und um die beiden waren nur noch das leise Rauschen des Schilfs und das ferne Zwitschern einer Lerche.

„Schön hier!“ meinte Gisela zum dritten Mal. Karl schwieg. Dann, nachdem er eine Weile vor sich hingedöst hatte, meinte er: „Wenn du so weiter in der Sonne liegen bleibst, krist du nen Sonnenbrand!“

„Das macht nix! Ich hab das ganz gern, wenn das so brennt!“
„Du mußt das aber einkremen!“
„Och, laß man jetzt!“
„Du krist aber nen Sonnenbrand!“
„Das is doch egal!“
„Gisela! Hier! Krem dich ein!“
„Da bin ich jetzt zu faul zu!“

„Wart mal, denn krem ich dir wenigstens 'n Nacken ein!"

„Ja, mach man!"

„Sooo! – Nu verreib das man!"

„Mach *du* man!"

„Mönsch, Gisela! Was bist du faul! Mach man selber!"

So kremte sich Gisela also selber ein und beide lagen dann still in der Sonne. Karl blinzelt hinter einer Libelle her, die über die grünen Spitzen des Schilfs wegschwebte. Es war das einzige, was er sah: Diese grünen Spitzen und ein großes Stück blauen Himmels. Alles andere war für ihn versunken. Es existierte einfach nicht mehr. Und Karl dachte an nichts, an gar nichts. Auch gelegentliche Fragen von Gisela „Was denkst Du jetzt?" beantwortete er wahrheitsgemäß in diesem Sinne: „An nix!"

Dabei tat sich inzwischen anderswo allerhand.

Zuhause klingelte es am Nachmittag. Als Mudder aufmachte, stand da Egon.

„Nanu? Egon?"

„Dja, Tag, Frau Meierdierks! Ich wollt zu Kaal!"

„Zu Kaal? Der is doch weg. Mit'n Klub!"

„Mit'n Klub?"

„Dja! Weißt Du das denn nich? Du bist doch da auch drin!"

Egon war eins von den eleganten Mitgliedern des Klubs. Er trug immer eine weinrote Jacke aus Kord mit Reißverschluß. An dem zog er jetzt etwas beunruhigt.

„Donner, dja. Das hab ich dja ganz vergessen! Ich hab mich dja entschuldigt für heute! Daß ich da aber auch nich an gedacht hab!"

„Warum biste denn nicht mit?"

Egon zog nun den ganzen Reißverschluß auf einmal bis zum Kragen zu: „Ich – ich hatte Halsschmerzen!"

Es fiel ihm schneller nichts anderes ein.

„Naaa?" sagte Mudder. „Hattest wohl ne annere Verabredung, Egon?"

Egon lächelte. Man konnte nicht sehen, ob er sich geschmeichelt fühlte oder sich freute, daß er Mudder auf eine andere Fährte gelenkt hatte. Aber er beteuerte gleich: „Nee, ich hab mich wirklich nich gut gefühlt, Frau Meierdierks! Aber – nichts für ungut, denn – ich komm denn heute abends nochmal vorbei, nich?"

„Is gut, Egon, ich will es Kaal bestellen!"

Als Mudder die Tür hinter ihm schloß und dann zu Vadder in die Wohnstube trat, schüttelte sie lächelnd den Kopf: „Du, Heini, der Egon, das is auch son Kerl! – Is natürlich nich mit'n Klub weggefahren!"

Da das für Vadder keine Sensation zu sein schien, setzte sie hinzu: „Das is auch son Schürzendjäger, der Egon!"

„Na und? Laß ihn doch!" meinte Vadder.

„Ich hab ihm dja ganix gesagt. Ich mein dja bloß. Un ich weiß nämlich, daß er was mit der kleinen Lindner hat!"

Vadder blickte von der Zeitung hoch. „Stört dich das?" fragte er.

„Das nich, Heini. Aber es is doch merkwürdig! Während unser Junge nix weiter in'n Kopf hat, wie sein Verein, hat Egon ein Stelldichein nach'n annern! Der ischa 'n büschen frühreif!"

Jetzt legte Vadder die Zeitung aus der Hand: „Grethe! Mit zwanzig Jahren frühreif! Du bischa . . .! – Übrigens apropoh ‚frühreif': Du soll'st doch den Obstkorb vonner Parzelle holen, den Oma für dich fertig gemacht hat. Is gleich schon sieben. Nu mach man zu, daß se nich warten muß!"

„Djunge, nee!" erschreckte sich Mudder. „Gleich sieben! Ich bind nur eben die Schürze ab. Inner halben Stunde bin ich wieder da."

Tatsächlich erschien Mudder schon nach einer halben Stunde wieder. Vadder hatte vermutet, daß sie sich auf der Parzelle „festquatschen" würde, wie er es nannte. Aber Mudder war doch schon nach einer halben Stunde wieder zurück.

Ihr Schritt war schnell und energisch, und sie antwortete nichts, als Vadder fragte: „Na, Grethe? Schon wieder da?"

Der Korb mit Obst wurde mit hörbarem Knall auf das kleine Tischchen gesetzt. Dann ging Mudder auf das Fenster zu, das sie ostentativ einhakte. Auch die Gardine zog sie mit heftigem Ruck zurecht und ging wieder zurück, nahm den Obstkorb vom Tischchen und, da Vadder immer noch nichts sagte, fing sie von sich aus an, sich Luft zu machen:

„Ich hab es dja gesagt!“

„Was?“

„Kaal is nich mit’n Klub unterwegs gewesen!“

Vadder schien von dieser Neuigkeit keinesfalls überrascht zu sein. „So?“ fragte er gelassen.

„Dja! Eben hab ich ihn gesehen aufer Heerstraße!“

„Was war denn?“ wollte Vadder weiter wissen.

„Mit der Wetjen!“

„Wätzke, Grethe. Nu merk dir mal den Namen!“

Mudder überhörte die Berichtigung: „Stell dir vor: Auf’n Rad! Sie fuhren beide hinternander her. Sie vorneweg. Mit’n Kleid!! Bis hierher – kuck doch! –“ Mudder zeigte auf eine Stelle ihres Rückens.

„Du brauchst mir das ganich so weit zu zeigen!“ meinte Vadder. „Das glaub ich dir!“

Mudders Neuigkeiten waren verpufft. Machtlos stand sie dieser völligen Interesselosigkeit Vadders gegenüber und half sich mit dem zwar interesseheischenden, aber nicht ganz logischen Nachsatz: „Das hat man nu davon!“

„Wovon?“ fragte Vadder, weil er gerne darauf eine Antwort gehabt hätte.

„Ach“, meinte Mudder, „es hat dja keinen Zweck, mit dir über solche Dinge zu reden. Ich hab djedenfalls das feste Gefühl gehabt, daß sie beide mich gesehen haben. Ich hab genau gesehn, wie Kaal die Wetjen anstieß und sie beide schnell weiterfuhren! Aber du interessierst dich da dja nich für, was dein Sohn macht. – Ich soll dir auch noch bestellen, daß Onkel Henry bald kommt!“ fügte sie hinzu, um zu zeigen, daß sie pflichtgemäß trotz allem Kummer diese Bestellung Omas nicht vergessen hatte.

„Onkel Henry?“ fragte Vadder. „Wer is das denn?“

„Heini! Dein Onkel Henry aus Nuhyork!“

„Achso dja. Der Gesine immer die Pakete geschickt hat?“

„Dja, der.“

Vadder sagte nichts weiter, so daß Mudder auch noch den Rest der Bestellung machte: „Er kommt nächsten Monat nach Bremen, um uns mal zu besuchen!“

Jetzt wurde Vadder wach: „Uns?"

„Dja."

„Na, von mir aus! Woher weißt du das denn?"

„Er hat Oma geschrieben. Er kommt mit'n Flugzeug!"

„Dascha fein!" sagte Vadder und vertiefte sich wieder in sein Zeitung. Dann ging die Tür auf und Karl kam nach Hause.

„Nabend!" sagte er.

„Nabend!" sagte Vadder. Mudder schwieg und packte das Obst aus. „Wo wart ihr denn?"

„Mönsch, ich hab'n Hunger! Wir waren die ganze Wümme runter. War ganz schön. Wir waren schon um halb sieben wieder hier, aber ich hab eben noch Gisela getroffen mit'n Rad. Da bin ich noch 'n Stück mitgefahren!"

Mudder hörte auf mit Obstauspacken.

„Die war nich mit!?"

„Gisela?" Karls Gesicht war völlig verständnislos. „Aber, Mudder, ich hab dir doch gesagt: Wir waren mit'n Klub unnerwegs!"

Dieser Satz löste bei Vadder plötzlich ein kitzelndes Lachen aus. Karl nahm an, daß er der Anlaß sei: „Was lachst du denn so, Vadder?"

Vadder schnappte nach Luft. „Ich lach nur über Mudders Gesicht!"

Mudder fuhr herum: „Heinerich!"

Karls Gesicht wurde noch erstaunter. „Was hast du denn bloß, Mudder?"

„Nix! Ich mein nur das eine, Karl: Du kannst dja tun und lassen was du willst! Da bist du dja alt genug zu! Aber das eine will ich dir sagen: Die Mädchen, die ich in deiner Gesellschaft gesehen hab – die taugen alle nix!"

Karls verständnisloser Blick ging zu Vadder hinüber. Der hatte wieder die Zeitung hingelegt und drohte Mudder mit dem Finger:

„Grethe, Grethe! Denk an die ‚Qualle'!"

Jetzt wurde der Ausdruck des Erstaunens zum ersten Mal echt bei Karl. Etwas unsicher fragte er: „Wie bitte? ‚Qualle'!? Was meinste damit?"

„Och", sagte Vadder und blickte wieder in die Zeitung. „Das is sone Sache zwischen Mudder und mir!"

Ohne ein Wort ging Mudder mit dem Korb zur Tür.

„Komm, Kaal, ich mach dir deine Bratkatoffeln!"

4. Kapitel

Besuch aus Amerika

Es wurde gar nicht mehr viel darüber gesprochen. Mudder gewöhnte sich allmählich daran, daß Gisela nicht „Wetjen", sondern „Wätzke" hieß, daß sie grellfarbene Kleider trug und daß sie mit Karl „ging".

Giselas Vater Max stammte aus Berlin, wo er mit seinem im Rheinland aufgewachsenen Stiefbruder Peter eine pharmazeutische Fabrik besessen hatte. Die hatte er nun hier in Bremen wieder aufgemacht. Draußen in Huckelriede hatte er auf einem Gelände neben dem dort stehenden Schuppen eine weitere Baracke errichtet und darin das „Wätzke Labor" untergebracht.

Max hatte jedoch selbst nicht viel zu sagen in seinem Hause und dem Labor. Er war mehr ein Mensch der Repräsentation. Und wie alle Repräsentationsmenschen beschränkte er sich darauf, das zu tun, was die tätigen Menschen seiner Umgebung ihm sagten. Im Labor war es „Onkel Peter", der die Werbeideen hatte und die pharmazeutischen Mittel erfand. Und im Hause war es seine Frau Olga. Sie war einen Kopf größer als ihr Mann, und Max hatte sich im Laufe der Jahre daran gewöhnt, alles für richtig zu halten, was sie sagte und tat. Das ging so weit, daß er sich angewöhnt hatte, oft ganze Sätze, die Olga aussprach, Wort für Wort zu wiederholen. Er wußte, daß das immer richtig war.

Vadder Meierdierks ließ sich durch die eventuelle neue „Verwandtschaft" absolut nicht aus der Ruhe bringen. Er nahm sie als etwas Selbstverständliches hin. Was ihn sehr viel mehr beunruhigte, war der angekündigte Besuch des Onkels aus Amerika.

„Ich weiß nicht, was wir mit dem anfangen sollen!" sagte er eines Tages, tiefsinnig auf die bunte Marke des Briefes und den blauweißroten Luftpostrand blickend.

„Was wir mit ihm anfangen", meinte Mudder, „das wird sich schon finden. Wart nur ab, bis er da is. Schließlich hat er uns dja in den schlechten Jahren doch immer die Pakete geschickt und nun will er auch mal sehn, wo die hingekommen sind!"

„Ich habe kein einziges Paket von ihm gekriegt", sagte Vadder richtigstellend. „Der einzige, der damit was zu tun hat, is Tante Gesine. Und die soll djetz auch sehen, wie sie mit dem fertig wird. Ich hab da doch ganix mit zu tun, Grethe!"

„Von jedem Paket hat Gesine uns genau unser Teil abgegeben!" stellte Mudder richtig. „Und du hast djedes Mal dein Teil mit aufgegessen, ohne zu fragen."

„Ich hab man bloß djedes Mal ne Schachtel Zigaretten bekommen!"

„Das sind ers schon mal vier Schachteln, Heini. Und in djedes von den vier Paketen war auch was für uns drin. Fett und Magarine und Zucker und lauter Lebensmittel. Und dafür kannste djetzt auch ruhig mal was tun für deinen Onkel!"

Vadder war die ganze Sache nicht recht. „Was soll ich denn da nur tun, Grethe!"

„Oh, da gibt es 'ne ganze Masse, wo man einen Menschen mit erfreuen kann, der einen Gutes getan hat!"

„Er hat mir doch ganich –"

„Du hast die Zigaretten geraucht und nu kannst du ihn auch ruhig mal unsere Stadt zeigen. Das macht dir nix aus und ihm macht es eine große Freude!"

„Och, Grethe, was soll ich ihm denn die Stadt zeigen. Da hat der doch ganix von. Drüben gibt es ganz annere Städte als hier bei uns."

„Aber nich so schöne!"

„Hast du ne Ahnung!"

Dann kam Tante Gesine. Vadder seufzte tief, als er auf dem Flur ihre Stimme hörte, obwohl er seine Schwester Gesine ja sein ganzes Leben ertragen hatte und ihre Vor- und Nachteile nun doch kennen mußte.

„Stör ich?" fragte Tante Gesine auch dieses Mal, als sie das Zimmer betrat und damit auch schon auf einem Stuhl Platz nahm. Ohne weitere Worte wühlte sie aus ihrer Krokodilleder-Handtasche ein grüngerändertes Telegramm.

„Hier!" sagte sie. „Von Henry!"

Vadder nahm es widerstrebend in die Hand und las vor: „Ankunft Freitag sechs Uhr Flugplatz Bremen stop Herzliche Grüße Euer Henry."

„Da!" sagte Vadder. Es sollte wie ein Vorwurf klingen. „Was denn nu?"

Jetzt begann Tante Gesine, „die Sache in die Hand zu nehmen."

„Ich hatt' mir das so gedacht, Heinrich: Unter uns gesagt ..."

Auf der Treppe polterte es. Das „Unter uns"-Sagen fiel ins Wasser, weil Onkel Jan mit Karl, Christine und Willi kam. Er war mit den Kindern (in solchen Fällen zählten sich Karl und Christine immer noch dazu!) im Hafen gewesen und hatte ihnen ein Schiff gezeigt.

Die begonnene Unterhaltung schien gefährdet. Tante Gesine hielt das Telegramm aus dem Ausland in der Hand. Aber es wurde nur von dem Schiff geredet. Willi beschrieb den Kapitän und seine Uniform, und Karl redete über die Ausrüstung der Rettungsboote.

Vadder unterbrach das Durcheinander: „Moment mal! Dascha alles sehr schön, aber eben haben wir 'n Telegramm gekriegt, daß Onkel Henry kommt!"

„Oh, prima!" meinte Willi. „Das is der Onkel aus Amerika. Der hat Millionen Geld!"

Jans Gesicht sah genau so ratlos aus wie Vadders, als er von Onkel Henry hörte. Dann aber besann er sich: „Ah, dja, ich weiß! Das ist der, der Tante Gesine die vier Pakete geschickt hat damals!"

„Vier?" sagte Gesine. „Das weiß ich nicht mehr so genau. Ich habe se nich gezählt!"

„Djawohl, es waren vier, Gesine! Ich hab es genau im Gedächtnis!" meinte Vadder. „Es kommt dja auch nich so auf die Zahl auf an, wie darauf, wie wir uns rewangschieren! Zuerst mal: Wo soll Onkel Henry schlafen!?"

Tante Gesine nestelte an ihrem Täschchen. „Das ist dja wohl selbstverständlich! Ich hab bei mir die große Stube freigemacht, da kann Henry wohnen und schlafen!"

„Ich denk, wir wollten ihm ne *Freude* machen!" fragte Jan.

„Ruhe mal djetz!" mahnte Vadder.

„Er könnte dja auch bei Kaal aufer Stube schlafen!" schlug Mudder vor.

Karl war sofort bereit. „Klar, Mönsch. Das geht!"

Gesine aber riß die Sache Henry an sich. „Ich habe dja schon allens vorbereitet. Das tut djetz nich mehr nötig. Er kann ganz gut bei mir wohnen, und ich werd es ihm natürlich so angenehm wie möglich machen."

Das Räuspern von Jan überhörte sie.

„Un wer holt ihn nun ab?" wollte Vadder wissen.

Auch dazu fand sich Tante Gesine bereit. „Ich fahr nach'n Flugplatz raus und bring ihn dann ers mal zu mir, daßer sich 'n büschen säubern kann vonner Reise."

„Da mußt Du abern Taxi nehmen. Das wird ne teure Fahrt!" wandte Vadder ein.

„Hin fahr ich miter Elektrischen! Und denn nehm ich'n Taxi!"

„Und denn nimmste ihn nach Hause zu dir?" wollte Mudder wissen.

„Dja, nur fürn paar Minuten, daßer sich'n büschen frisch machen kann!" meinte Gesine. „Denn kommen wir hierher zu euch!"

„Wann soll das Ganze sein?" fragte Jan.

„Morgen kommt er an!" sagte Gesine. „Aber du brauchst da ganich bei zu sein. Es is schon sowieso zu viel nacher langen Reise. Der erste Eindruck für Henry is denn zu verwirrend, wenn so viele Menschen da sind. Deshalb brauchst du ers mal ganich zu kommen, Jan."

Jan hatte in diesem einen Punkt, so gutmütig er war, eine empfindliche Stelle. „Ich bin dir wohl nicht pfein genug für deinen Henry, was?"

Tante Gesine lächelte süßsauer. „Davon redet dja kein Mensch, Djohann! Aber es wird dir dja wohl klar sein, daß Henry sich erst einmal erholen will nach der Reise. Und ich denke, es wär besser, wenn zum Empfang so wenig Menschen wie möglich da sind. Der erste Eindruck is immer der stärkste. Und da muß man einen Menschen nich so verwirren."

Jan sagte nichts dazu, aber in seinem Innern sann er auf Rache.

„Morgen soll der schon ankommen?“ fragte Vadder noch einmal.

„Dja, morgen auf'n Flugplatz!“

„Ich werde noch 'n büschen Kuchen backen!“ meinte Mudder und Willi flocht geschickt ein: „Kann ich da mit?“

„Nein!“ sagte Vadder kathegorisch. „Djetz erst mal eins nach'm annern. Gesine holt also den Onkel Henry morgen von'n Flugplatz ab. Hin fährt sie mit der Elektrischen, und zurück nimmt se 'n Wagen.“

Alles schien wieder über den Haufen geworfen zu werden, als Karl unvermittelt einwarf: „Ich versteh ganich, warum Tante Gesine nich Onkel Jan mitnimmt nach'n Flugplatz. Der kann doch von uns alle am besten Englisch!“

Einen Augenblick lang wußte niemand etwas dazu zu sagen. Aber Jan unterbrach das peinliche Schweigen und meinte: „Nee, laß man Kaal, das verwirrt nur! Ich komm denn morgen nachmittags hier mal so zufällig vorbei und sag guten Tag!“

Um dem Gespräch wieder eine andere Wendung zu geben, sagte Vadder: „Das wird bloß 'ne teure Fahrt, Gesine. Von'n Flugplatz bis hier das kostet mindestens vier Mark!“

„Das würd ich dja wohl anlegen!“ antwortete Gesine. „Das geht schon in Ordnung!“

„Ich hätte da wohl eine Idee, Gesine!“ wandte Jan ein. „Ernst Onnen, der hat doch da sone Reperaturwerkstatt und Mietwagenverleih. Bei den würd ich denn wohl'n Wagen bestellen. Das käm dich bedeutend billiger!“

„Das wäre ja wunnerbar, Djohann! Das würds du wirklich für mich tun?“

„Klar, Gesine! Geht alles klar! Du mußt mir man bloß noch genau sagen, wann das Flugzeug ankommt, denn steht der Wagen pünktlich vorer Tür!“

Gesine hörte das Gras wachsen. Sie glaubte, daß Jan ihren Vorschlag eingesehen habe. Und in dem Übergefühl der verehrten, aber immer dozierenden Verwandten erklärte sie Jan vertraulich: „Weißt du, Djan, es is sehr nett von dir, daß du so verständig bist. Es is dja nur so – die ganze Sache is dja – wenn er nun kommt, Djohann, dann is es doch besser – das siehst du doch ein – wenn du – ich meine nur, weil doch damals das mit dir war ...“

„Moment mal!“ meinte Jan. „Was war mit mir?“

„Onkel Henry weiß doch die ganze Geschichte mit dir damals!“

„Ich weiß ganich, worauf du raus willst, Gesine!“

„Daß du damals zur See gegangen bist, anstatt ...“

„Ahaaa!“ sagte Jan sehr laut und deutlich. „Jetzt geht mir ’ne Laterne auf! Mit annern Worten, Gesine, der Schandfleck der Familje darf nich in Erscheinung treten, nich?“

„Das nich, Djohann! Aber es wäre dja wohl ganz schön, wenn du dich fürn Anfang ’n büschen menaschiertest!“

Jan schien sich damit abzufinden. „Von mir aus! Ich bin ganich so scharf auf dein amerikanischen Grafen!“

Gesine beugte sich über den Tisch vor und ergriff die Hand von Jan: „Du verstehst hoffentlich, wie ich es meine!“

„Klar!“ meinte Jan. „Ich hab schon verstanden. Was ich noch sagen wollte, Kaal: Hast du die Büchsen schon abgeholt?“

Karl begriff nicht: „Die Büchsen? Was für Büchsen!?“

„Die zweiunzwanzig Büchsen von Krämer Ellermann!“

„Die – –“

Jans rechtes Auge zwinkerte unmerklich.

Mudder witterte Unheil: „Was für Büchsen, Djan?“

„Für Gesine!“

Gesine machte einen Augenblick den Mund auf vor Erstaunen. „Was für Büchsen meinst du, Johann?“

„Aber Gesine! Hast du im Ernst nich daran gedacht, daß Amerikaner nur von Büchsen leben? Wußtest du das ganich? Oder hast du dir gedacht, daß er das ißt, was du ihm kochst?“

Gesine begriff, daß Jan sie auf den Arm nahm. Mudder aber wollte wissen, warum denn Henry bei Gesine auch noch essen solle.

„Es ist doch wohl klar, dasser bei mir ißt, wenner bei mir Wohnung nimmt!“ meinte Gesine, und Mudder quittierte diese Feststellung mit einem Achselzucken.

„Na, dann is dja wohl nun endlich alles klar!“ konstatierte Vadder ungeduldig.

„Dja. Das wär 's wohl. Damit alles klappt, will ich man noch mal sagen: Ich hol Henry ab. Djohann bestellt den Wagen, freundlicherweise!" (Jan nickte zustimmend). „Wir fahren zu mir. Henry macht sich frisch. Dann kommen wir hierher und trinken Kaffee. Und dann . . ."

„Dann komme ich ganz zufällig vorbei!" warf Jan ein.

„Dja, Djohann, ich persönlich hab dja nix dagegen, daß du — — es is nur —"

„Laß man, Gesine, geht allens klar! Der Wagen soll wann vor'n Flugplatz sein?"

„Das genügt, wenn er fümf Minuten vorer Ankunft vonnen Flugzeug vor 'n Flughafen hält. Er soll nur sagen, daßer auf mich wartet!"

„Geht allens klar, Gesine! Fümf Minuten vorer Ankunft is der Wagen da!"

„Fümf vor sechs!"

„Djawoll!"

„Und nix für ungut, Djohann, nich?"

„Geht allens klar, Gesine! Ich wär dja sonsten sowieso nur als Dolmetscher gekommen!"

Gesine reagierte sofort: „Vergiß man nich, mein lieber Djohann, daß ich mit mein Englisch, was ich aufer Schule gelernt hab, auch immer noch sehr gut durchgekommen bin!"

„Das hat kein Mensch nich bezweifelt, Gesine! Das is klar!" In Jans rechtem Auge hatte es wieder einmal ganz kurz geblitzt. „Der Wagen steht fümf vor sechs vorn Flughafen. Ich ruf bei Ernst gleich noch an, un er soll dir ein Sonderpreis machen!"

„Ich bin dir sehr dankbar, lieber Djohann!"

Damit war die Familiensitzung beendet, und Mudder ging daran, den Kuchen für Onkel Henry zu backen. Der sollte besonders fein werden, damit er auch merkte, daß man seine Pakethilfe richtig erwiderte.

Aber es kam ganz anders, als sich alle gedacht hatten. Der wohldurchdachte Plan, Onkel Henry zu empfangen, wurde durch einen Zufall zunichte.

Es war so, daß Gesine mit einem großen Strauß frischer Nelken die „Fümfzehn" bestieg und damit Richtung Flughafen fuhr.

Eine halbe Stunde vor Ankunft des Flugzeuges saß sie bereits im Restaurant und hatte sich eine Tasse Kaffee bestellt. Interessiert betrachtete sie die ankommenden Maschinen und die Menge der aussteigenden und wartenden Menschen.

Inzwischen aber tat sich etwas anderes am Bremer Hauptbahnhof.

Der D-Zug aus Hannover war gerade angekommen, und mit der Masse der Fahrgäste, die auf den weiten Bahnhofsplatz strömten, kam auch ein Herr mit zwei großen Koffern. Er trug einen hellgrauen Anzug, weißen Strohhut, hellblaues Oberhemd und ebensolchen Schlips. Mitten zwischen den Tauben, die vor den Bänken des Platzes von Wartenden gefüttert wurden, stellte er seine beiden Koffer zur Erde und sah sich hilfesuchend um.

Sofort war ein hilfsbereiter Mann zur Stelle: „Wollen Sie nen Gepäckträger?" fragte er.

„No, no, no! Ich möchte haben eine Information: Wie kann ich fahren nach Sandtstraße Sieben?"

„Oh!" sagte der Hilfsbereite. „Taxi?"

„Non, no! Ich will fahren mit einem Bus!"

„Aaah!" Der Hilfsbereite lächelte verstehend. „Inglisch?"

„No! American!"

„Ahaa! Jess!" Und hier tat der Hilfsbereite das, was man mit Ausländern tun muß. Alles, was er sagte, schrie er dem Fremden ins Ohr: „Also: Du einsteigen in Vier! – Verstehen? – For! Namber For! Strihtkahr! Straßenbahn! Wir nich Bus haben in Bremen! Nix Bus! No Bus! – Du dann fahren zum Marktplatz! Marketplehs! Verstehen?"

Der Fremde nickte.

„Du da umsteigen in enasser Strihtkahr! Da, wo Roland steht. Groß! Stein! Mann aus Stein! Men from Stohn! Roland!"

„Yes, den kenne ich!"

„Da du umsteigen und nochmal fragen. Sehr ju ask nochmal!"

Der Fremde nickte und ergriff die Koffer: „Thank you! But – hör mal, du! – du auch kein Deutscher?"

Der Hilfsbereite sah ihn erstaunt an: „Doch! Ich deutsch! Warum?"

Und der Fremde sagte mit eigenartigem Gesichtsausdruck: „Weil Du sprichst so ein *komisches* Deutsch!"

Das geschah zu der Zeit, als das Flugzeug auf dem Neuenlander Feld zur Landung ansetzte. Tante Gesine war aufgeregt in die Vorhalle des Flughafengebäudes gegangen und beobachtete jeden einzelnen Passagier, der durch die Sperre ging. Es waren nicht viele Leute, die mit dieser Maschine ankamen. Und unschwer war der große, stattliche Mann mit dem amerikanischen Schlips als „derjenige, welcher" zu erkennen.

Gesine eilte auf ihn zu.

„Hello!" fragte sie den Herrn.

In fließendem Deutsch antwortete er: „Meinen Sie mich?"

Gesine wurde direkt rot im Gesicht, so verlegen war sie bei dem überraschenden Anblick dieses Hünen von einem Mann. Aber sie faßte sich schnell und sammelte ihre ganzen Sprachkenntnisse: „Ahr ju Onkel Henry?"

„Henry? Ja! – Aber ‚Onkel'? No!"

Gesine lächelte verstehend: „Ach natürlich, ja! Henry! Klar! Herzlich Willkommen in Bremen! Hartli wellkamm in Bremen!"

„Oh, thank you!" sagte der Lange.

Gesine streifte das Papier von den Nelken und überreichte den Strauß. „Hier! Se Flauers sind for juh!"

„Ach, das is aber sehr nett!" meinte der Fremde. „Sehr nett von Ihnen!"

„Du mußt jetzt auch ‚du' sagen, Henry."

Der Lange lächelte: „Mir solls recht sein!"

Gesine aber blieb hartnäckig dabei: „Du bist sicher sehr müde, nich?"

„Naja, en bißchen!"

„Ja, da hatte ich mir das so gedacht: Erst gehen wir zu mir und trinken eine Tasse Kaffee. Du schläfst natürlich bei mir, Henry!"

Der Lange sah sie etwas entsetzt an: „Na hören Sie mal! Das kann ich aber wirklich nicht. Beim besten Willen nicht!"

„Einen Wagen hab ich dja draußen vor der Tür, Henry, der bringt uns gleich zu mir nach Hause!"

„Vielen Dank, ich werde ja abgeholt!“

„Nein, nein, ich bin dja ganz alleine gekommen. Die annern wollten nich. Und ich fühlte dja auch ein büschen Verpflichtung vonwegen der vielen Pakete, nich?“

„Wegen was?“ meinte der Fremde.

„Wegen der vielen Pakete, Henry!“

„Ich verstehe Sie gar nicht!“

Gesine wurde mißtrauisch. Es dämmerte ihr irgend etwas. „Sagen Sie mal: Bin ich denn überhaupt recht? Sind Sie Henry Miller?“

„Allerdings!“

„Dann bin ich dja beruhigt! Also, nochmals, Henry, wenn du

gleich zu mir willst, dann können wir fahren. Das Bett is fertig gemacht und frisch bezogen!“

Jetzt zog der Lange die Stirn in Falten: „Wissen Sie – jetzt hört's aber auf. Nun lassen Sie mich aber mal in Ruhe!“ Dann aber kratzte er sich hinter dem Ohr und meinte überlegend: „Warten Sie mal – Henry Miller!! Da war ja ein Namensvetter von mir gestern in Frankfurt. Und es war aus Versehen nur ein Platz belegt auf den Namen. Wahrscheinlich ist der das, den Sie meinen!“

Gesine hielt den Zeigefinger erschreckt an ihr Kinn: „Tja, Sind Sie denn nich Henry Miller aus Nujork?“

„No. Ich bin aus San Francisco. Der Henry Miller aus New York ist mit der Eisenbahn gefahren und hat mir seinen Flugplatz überlassen!“

Gesine entriß dem Langen die Nelken. „Entschuldigen Sie man und nix für ungut! Denn wird der wohl schon aufen Weg zu uns sein! Nix für ungut, Herr Henry Miller!“

Das „Okey“ des Langen hörte Gesine schon nicht mehr. Sie rauschte hinaus und stand suchend auf der obersten Treppenstufe des Flughafengebäudes.

Da standen ein paar Taxis. Gesine rief von der Treppe her: „Hallo! Taxe!“

Der Fahrer des ersten Wagens steckte den Kopf aus dem Fenster und brummte: „Besetzt! Ich bin bestellt!“ Bei allen vier Wagen, die dort standen, bekam sie dieselbe Antwort. Um sich zu vergewissern, daß auch nicht einer von ihnen für sie da war, rief sie nochmals deutlich: „Für mich? Für Sengstake?“

Und dann ereignete sich das, was ihr das Blut in den Kopf jagte. Eine rauhe Männerstimme sagte neben ihr: „Für Sengstake? Dat bün ick hier!“ Ein Mann mit einem Lackzylinder und blauem Frack tippte lässig an die Hutkrempe und wies auf ein Gefährt, das unten vor dem Flughafengebäude wartete. Es war eine festlich geschmückte blaue Hochzeitskutsche.

„'Ne Hochzeitskutsche! – Sone Unverschämtheit!“

Der Kutscher mit dem Zylinder nahm die Hände aus den Taschen: „Das wurde dja so bestellt! Der Herr hat extra gesagt: ‚Eine blaue Hochzeitskutsche nach'n Flughafen. Zweispännig!‘

Und wir sollten das 'n büschen nett machen. Mit Blumen an die Fensters un so!“

Gesine schnappte nach Luft. „Das schlägt dja dem Faß die Krone ins Gesicht! – Taxi!! Hallo!“ rief sie verzweifelt zu den wartenden Autos.

Aber der Kutscher meinte: „'Ne Taxe kricht ji hier nich! De sünd alle bestellt!"

Gesine war der Verzweiflung nahe. „Wo es djetz doch umme Minuten geht!!"

Der Kutscher lenkte ein: „So langsam sind dja meine Schimmels auch nich. Und der Wagen is dja bezahlt. Der Herr hat allens in Ordnung gebracht. Und wenn Se da aufe nächste Bahn warten, sind Se dja schon zu Hause!"

Es blieb keine Wahl. „Mir is djetzt alles egal. Von mir aus fahren Se los. Sandtstraße Sieben!"

„Weiß Bescheid!"

„Aber halten Se nich vor'n Hause", fügte Gesine hinzu und stieg in den blumengeschmückten Wagen.

So kam es, daß Gesine in der Hochzeitskutsche die große Runde um die Grasfläche des Flughafengebäudes machte. Spaziergänger drehten sich nach ihr um und sagten: „Oh, kuck mal! 'Ne Hochzeit! Das bringt Glück!"

Tief in die Polster gedrückt machte Gesine nun die Fahrt in die Stadt. Überall blieben die Menschen stehen und winkten. Als aber der Kutscher vergaß, vor der Einfahrt zur Sandtstraße zu halten, und in die Straße einbog, dachte Gesine, sie müsse sterben vor Scham. Die Kinder liefen in Scharen herbei. Die Nachbarn öffneten die Fenster, als sie die beiden Schimmel schnaubend und trabend die Straße entlangkommen hörten, und alles streckte neugierig die Köpfe vor, wer wohl im Hause Nummer Sieben eine Hochzeit haben könnte.

Die Kutsche hielt. Der Kutscher sprang vom Bock und öffnete den Schlag. „Ich habe Ihnen doch gesagt, hab ich Ihnen, Sie sollten nich vorfahren!" keifte Gesine.

„Ischa bezahlt!" meinte er und ließ Gesine aussteigen. Durch ein Spalier von jubelnden Kindern schritt sie zum Vorgarten, schon leicht nervös durch die Zurufe. Da sah sie einen Fremden im Vorgarten stehen.

„Was machen Sie denn da innen Garten?"

„Ich wollte – ich möchte mal fragen –" sagte der Fremde unsicher.

Gesine schnitt ihm das Wort ab: „Machen Sie, dasse da rauskommen aus'n Vorgarten. Sehn Se denn nich, daß da frisch geharkt is?"

„Ich wollte nur –"

„Ach was! Wir nehmen nichts anner Tür! Verschwinden Sie!" Damit schritt sie stolz zur Treppe. Die jubelnden Kinder am Gartenzaun ertrug sie mit Haltung und murmelte nur vor sich hin: „Gesindel!"

Drinnen im Hause fand sie die Familie um den Tisch versammelt. Der Onkel war noch nicht gekommen. Als Gesine von der Kutsche erzählte und Jan dabei empörte Vorhaltungen machte, klingelte es.

Es war Onkel Henry, der Fremde, den Gesine aus dem Vorgarten gewiesen hatte.

Bei der Vorstellung versuchte sie es, mit einem „Sowas Dummes!" wieder gutzumachen. Aber Onkel Henry lachte nur. Er haute Jan kräftig auf die Schulter und meinte: „Auf dich hab ich mich ehrlich gefreut, mein guter Johann! Du bist ein großer Mann in meinem Kopf! Weil du bist ein Selfmade-Mann. Sowas haben wir gern bei uns in Amerika. Da bist du weggelaufen zu Hause und hast gemacht dein eigenes Geld. Das ist Okey! Hier ist eine Zigarre, Jan. Und für dich auch, Heinrich!"

Da Gesine sich nicht beachtet fühlte, schnitt sie gleich das Thema an, das ihr am geeignetsten erschien: „Henry. Ich wollte dir auch nochmals herzlich danken für die Pakete, die du uns immer geschickt hast!"

Onkel Henry machte eine Handbewegung: „Nich der Rede wert. Hauptsache: Es hat geholfen!"

Die ganze Familie beteuerte durcheinander diese Tatsache.

Dann faßte sich Onkel Henry und meinte: „Dabei denke ich gerade dran, Heinrich: Wie geht es Deiner Lunge jetzt?"

Vadder sah ihn einen Augenblick hilflos an. Dann verzerrte sich sein Gesicht schmerzvoll, und er griff irgendwo unter den Tisch. „Au!"

Henry fuhr fort: „Alles wieder heil mit deiner Lunge?"

Zum zweitenmal verzog sich Vadders Gesicht zu einer Grimmasse.

„Zum Donner noch mal! Wer nimmt denn seine Quanten hier

nich in acht! – Was meinst du, Henry? Meine Lunge? Tadellos! Die verträgt alles. Meinst du wegen der Zigarre hier?"

Henry sagte: „Ja. Ich meine, ob sie dir nicht zu stark is!"

„Och was. Wir hier in Bremen sind ganz annere Sachen gewöhnt, Henry!"

Aber Henry mahnte: „Mit deiner Lunge müßtest du sehr vorsichtig sein!"

Das reizte Vadder zum Lachen: „Vorsichtig? Henry!! Man lebt nur einmal, und warum soll man sich nich mal an einer guten Zigarre erfreuen?"

„Trotzdem!"

Jetzt griff Gesine in die Unterhaltung ein: „Deine Pakete haben Heinrich damals sehr geholfen, Henry. Wir haben dja eine sehr schwere Zeit gehabt! Ich zum Beispiel. Ich hab dja alles verloren am zwölften September. Das Herrenzimmer hatt ich ausgelagert, du weißt dja das ‚Eiche-Furnier', das is auch verbrannt. Auch das Geschirr von Tante Lisbeth. Alles verloren!"

Damit senkte sie ihren Kopf und holte aus der Krokodillledertasche ein Taschentuch, mit dem sie sich die Nase putzte.

„Und ihr habt alles behalten?" wandte sich Henry an Vadder.

„Nee. Nix! Ich hab dja wieder von vorn angefangen!"

„Und das alles mit deiner Lunge! Du bist ein sehr tüchtiger Mann, Heinrich!" meinte Henry.

Jetzt wollte es Vadder aber wissen: „Was willst du eigentlich immer mit meiner Lunge! Die is doch tadellos in Ordnung!"

„Trotzdem! Das kann schon sein! Aber wenn man einmal eine so schwere Sache gehabt hat, dann muß man trotzdem vorsichtig sein."

Gesine war von seltsamer Unruhe ergriffen und fügte ein: „Henry meint deine schwere Lungenentzündung damals!"

„Meine was?" wollte Vadder sagen. Da mußte er wieder mit schmerzerfülltem Gesicht unter den Tisch greifen. „Au! Zum Donnerwetter nochmal, wer nimmt denn – wer tritt mich hier dauernd gegen das Bein! Nehmt euch doch 'n büschen in acht!"

Henry beachtete den Vorfall kaum. Er fuhr fort zu sprechen: „Die gute Gesine hat mir damals immer geschickt die Krankheitsreports. So wußte ich immer Bescheid."

Gerade konnte Gesine noch einflechten: „Ja, deine Pakete haben wirklich immer sehr geholfen, Henry!" Da unterbrach die Unterhaltung der Junior:

„Vadder?"

Ärgerlich, daß er nicht hinter diese dunkle Geschichte kam, fragte Vadder: „Was is denn, Willi?"

„Das weiß ich noch genau, wie die Pakete immer ankamen!"

„Sooo?" lächelte Onkel Henry freundlich.

„Jaa!" sprach Willi weiter, „da waren immer die Katongs drin, die Tante Gesine immer verkunkelt hat!"

Onkel Henrys Interesse wurde größer: „Was hat Tante Gesine damit gemacht? Verkunkelt?"

Vadder griff ein: „Ja, das is – das is son Ausdruck in Bremen. Das heißt ‚essen'."

Onkel Henry lachte: „Wieder ein neues Wort gelernt. Das is gut! ‚Kunkeln' heißt auf bremisch ‚essen'! Das is gut. In Bremen hat man ja eigenartige Ausdrücke!"

Vadder räusperte sich und meinte: „Dja, das kannen wohl sagen!"

Gesine aber führte das Gespräch nun mit Macht in andere Bahnen: „Wir müssen dja auch jetzt mal vom Schlafen reden!"

Sofort war Henry interessiert: „Wie nennt man das denn in Bremen?"

Alles suchte nach einem Wort. Vadder meinte „schnarchen", Jan entschied sich für „pennen".

Onkel Henry meinte daraufhin: „Ich werde schnarchen in ein Hotel!"

„Ich dachte, du würdest bei mir ..."

Der Onkel schnitt alles weitere mit einer Handbewegung ab: „So, Kinder, ich schlage vor, ich gehe jetzt erst mal in mein Hotel für das Zimmer. Und Jan und Heinrich kommen mit. Und dann gehen wir alle zusammen in das berühmte Ratskeller und trinken ein Glas Wein. Und morgen gehe ich mit Gesine und Grethe in ein Café und essen Kuchen, und übermorgen geh ich mit den Kindern Eiskrem essen. Und dann fliegt ja mein Flugzeug wieder ab."

Mudder meinte: „Dann willst du schon wieder weg?"

Henry stand auf: „Ja, natürlich! Nun kommt aber! Karl! Du kannst ja mit uns kommen, wenn du willst!“

„Oh dja, prima!“ sagte Karl und rückte an seinem Schlips.

Alles stand auf. Der Kuchen war fast unberührt. Nur Onkel Henry hatte vier Stück hintereinander gegessen.

Fast traurig fragte Mudder: „Dann wollt Ihr djetz einfach so weg?“

Henry klopfte sie auf die Schulter: „Ja, ja, Grethe! Aber wir sind pünktlich wieder hier – zum Abendkunkeln!“

„Was?“ fragte Mudder. Dann entstand eine kurze Pause, in der die ganze Familie in Gedanken „übersetzte“.

Onkel Henry brach das Schweigen: „Auf Uiedersehn!“ sagte er. Und alles antwortete im Chor: „Auf Wiedersehn!“

Als die Tür sich hinter den Männern schloß, sank Mudder auf den ersten besten Stuhl und legte die Hände in den Schoß!

„Wie peinlich!“ meinte sie.

Aber Christine sagte: „Ich find ihn *sehr* nett, den Onkel!“

Gesine räusperte sich: „Und ich – ich kann mir nich helfen, Margarethe, – *ich* hab mir unter Verwandtschaft immer was anneres vorgestellt!“

5. Kapitel

Der Fündling

Der Morgen begann damit, daß Vadder in das Badezimmer wollte und es verschlossen fand. Er war im Bademantel mit den blauen Blumen und in seinen braunen „Puschen" in ziemlicher Eile auf die Badezimmertür zugestrebt, und da sie seinem Druck nicht nachgab, war er mit dem Kopf ein wenig gegen das Holz gekommen. Das und die Tatsache der wieder verschlossenen Tür ließen ihn explodieren.

„Zum Donnerwetter – wer sitzt denn da wieder drauf!" Seine Fäuste hämmerten gegen die Tür.

„Ich!" antwortete Willi von drinnen.

Vadder holte Luft.

„Willi!!! Was fällt dir ein! Sofort machst du die Tür auf! Ich muß ins Büro!"

Der Ton in seiner Stimme war so drohend, daß Willi augenblicklich mit Gurgeln aufhörte und die Tür aufschloß.

„Sag mal, biste denn ganz verrückt geworden, Djunge! Was fällt dir ein, das Badezimmer zu blockieren, wo du doch genau weißt, daß Vadder ins Büro muß!"

„Ich hab mir die Zähne geputzt!" spekulierte Willi, da er sonst zu dieser Tätigkeit immer gemahnt werden mußte.

Aber Vadder ging nicht darauf ein: „Das will ich ganich wissen. Hab ich dir nich tausendmal gesagt, du sollst dich nich einschließen? Hast du Frühwoche?"

„Nein!"

„Na also! Was fällt dir denn eigentlich ein, Willi?"

„Ich muß doch den Aufsatz noch schreiben!"

„Das kannst du machen, wenn ich weg bin!" schnaubte Vadder und ging an das Waschbecken. Er faßte das Handtuch daneben an. Es war naß wie ein Waschlappen. Auf der Erde lag noch ein weiteres, ebenfalls naß. Vadder schnupperte mit der Nase in der Luft herum.

„Wer hat – was stinkt denn hier bloß so! – wer hat denn das

verdammte Dontorol wieder benutzt?! Hab ich euch nich gesagt, daß ich den Geruch nich ab kann!"

Willi stand daneben und bemerkte: „Die Tube gehört Christine!"

Vadder blickte auf die Handtücher, den naßgespritzten Boden und die halb vollgelassene Badewanne. Etwas von einem Tintenstift hatte das Waschbecken lila gefärbt, und in der Badewanne schwamm ein braunes viereckiges Stück Holz, das mit Streichhölzern beklebt war. Einige hatten sich gelöst und zierten die Wasserfläche mit schleimigen Fäden von Leim und rosa Farbe, die aus ihren Köpfen quoll.

„Grethe!" Vadders Ruf hatte etwas Verzweifeltes. „Grethe!! Nu komm doch mal und kuck dir das hier an!"

Mudder erschien und die erste Frage galt Willi: „Was machst

du hier so früh in'n Badezimmer, Djunge? Du hast doch heute keine Frühwoche!"

„Ich muß doch meinen Aufsatz noch schreiben!"

Vadder drehte sich zu ihm um: „Da denkst djetzt dran? Warum haste ihn gestern nich schon gemacht?"

Mudder unterbrach alles weitere und befahl: „Nimm mal dein Kontiki jetzt aus 'm Wasser, Willi, und mach, daß du auf die Stube kommst. Los!"

Willi verschwand. Mudder fischte das braune Holz aus dem Wasser und zeigte es Vadder.

„Das hat er selber gebastelt!"

„Und was soll das?"

„Aber Heini! Das ist doch das Kontiki. Das Floß, auf dem die da inner Südsee von Südamerika gelandet sind. Weißt doch!"

„Ich seh nur 'n paar klebrige Streichhölzer. Nu, Grethe, ich muß djetzt hier rein. Ich komm sonst zu spät." Damit hatte er auch schon den Türgriff in der Hand und schob Mudder sanft nach draußen. Sie hielt dabei immer noch das Floß in der Hand und betrachtete es. So fühlte sich Vadder bemüßigt, ihr noch zu sagen, als sie draußen war. „Ja, es is bestimmt sehr nett, Grethe. Bestimmt! Aber ich muß mich djetzt waschen!"

In der Küche wartete Willi am Tisch.

„Was is djetzt mit deinen Aufsatz, Djunge?"

„Was soll denn damit sein? Ich muß ihn noch schreiben!"

Mudder reagierte auf so etwas überhaupt nicht. „Und was hast du sonst noch auf?"

„Vier Kasten Rechnen. Und 25 mal darf ich nich aufer Bank liegen!"

„Du sollst nich 25 mal auf der Bank liegen?"

„So oft muß ich das schreiben!"

„Aha! Strafarbeit!"

„Die annern auch! Karsten, der hat ..."

„Die annern interessieren mich nich! Du hast 'ne Strafarbeit auf, das is alles! Wie heißt der Aufsatz?"

„Der Fündling."

„Wie heißt der?"

„Der Fündling!"

„Aha!“ sagte Mudder. Nach einer Überlegungspause fügte sie hinzu: „Dann hol man deine Sachen und fang an zu arbeiten!“

Willi begann „seine Sachen“ auf den Tisch zu packen. Es genügte eigentlich ein Handgriff, um die Mappe mit den Büchern und Heften auf den Tisch zu legen. Aber Willi trat zunächst mal gegen den Stuhl, daß Mudder erschreckt zusammenfuhr. Dann nahm er die Mappe mit einer Hand, ließ sie aber so schräg hängen, daß aus ihrem Innern mit einem furchtbaren Knall Bücher und Hefte auf den Boden fielen. Alles wurde wieder aufgesammelt. Dann erklärte Willi: „Wo is mein Federhalter?“

Mudder wußte nicht, wo der war.

Willi verschwand, um seinen Federhalter zu suchen. Denn auch Mudder mußte es klar sein, daß man ohne Federhalter keinen Aufsatz fertig bringen konnte.

Inzwischen erschienen nacheinander Karl und Christine am Frühstückstisch.

„Was hat denn Willi?“ fragte Karl. „Der läuft da draußen rum mit ’nem Gesicht, als ob er schlechte Verdauung hätte!“

„Er sucht seinen Federhalter. Hat einer von euch den vielleicht zufällig gehabt?“

„Ich hab meinen eigenen!“ meinte Karl und nahm einen tiefen Schluck aus der Tasse.

„Ich auch!“ sagte Christine. „Wer weiß, wo er den wieder hat. Der Willi ist sowieso so hibbelich in der letzten Zeit!“

Das gab den Anstoß zu einem längeren Gespräch über Kindererziehung und Schule.

„Dascha auch nix. Mal morgens Schule und mal nachmittags. Da kommt ja nie Grund rein!“ meinte Christine.

„Das ischa meine Rede!“ pflichtete Mudder ihr bei. „Da muscha ’n Junge hibbelich werden. Wir hatten zu meiner Zeit ’ne geregelte Schulzeit und wurden direkt zur Pünktlichkeit und Ordnung angehalten. Das ist doch heute alles nix mehr!“

„Frau Behnken ihr Djunge hat Nachhilfe. Das hat ’n sehr geholfen!“

„Quatsch!“ sagte Karl. „Was Willi braucht, is keine Nachhilfe. Der braucht bloß zu lernen. Weiter nix!“

„Wenn das so einfach wäre, Karl, denn würd ich mich an

deiner Stelle mal auch en büschen drum kümmern. Schließlich is es dja dein kleiner Bruder, nich?" sagte Mudder.

Karl ließ das Brötchen sinken, in das er gerade beißen wollte. „Wann sollt ich das denn wohl noch machen?!"

„Also!" bewies Mudder, „kein Mensch hat Zeit für den Djungen! Keiner kümmert sich um ihn!"

Karl sah nach seiner Armbanduhr. „Ich muß djetzt los!"

Aber während er aufstand, wußte Mudder noch etwas anzubringen: „Karl! Sag mal – Willi hat da son Aufsatz auf – was is das denn: ein ‚Fündling'?"

„Ein Fündling?"

„Dja, ein Fündling."

„Fündling? Das is – das is son Stein. Son Dings da – weißt doch, Mudder! Da haben wir doch mal en Ausflug hingemacht. Ich muß djetzt aber gehen. Ich krieg sonst die Bahn nich!"

„Ich auch!" sagte Christine halb im Stehen.

„Vergeßt die Brote nich!" rief Mudder.

„Nein! Tschüß, Mudder!" war die Antwort, und beide waren zur Tür hinaus.

Unter dem Tisch entdeckte Mudder den Federhalter.

„Willi! Dein Federhalter is da!" rief sie nach draußen. Willi kam, beinahe etwas enttäuscht, daß die höhere Gewalt des verlorenen Federhalters nun doch den Beginn des Aufsatzes nicht mehr hinausschieben würde. Aber in diesem Augenblick kam Vadder zur Tür herein. Er knöpfte noch an seinem Hemd, zog sich den Schlips gerade und aß im Stehen.

„Heini! Was soll das denn!! Setz dich doch wenigstens hin zun Frühstück!"

Kauend antwortete Vadder: „Ich muß los. Es ist zu spät heute!"

Mudder versuchte, dem frühstückenden Vadder noch beizubringen, daß Willi doch vielleicht Nachhilfestunde haben sollte. Aber Vadder war jetzt nicht in der Verfassung, solch entscheidende Dinge zu besprechen.

„Du siehst doch, Grethe! Ich hab's eilig!"

Mudder ließ sich auf einem Stuhl nieder und sah den kauenden Vadder an: „So isses mal wieder richtig! Morgens früh hast du keine Zeit, weil du schnell ins Büro mußt. Und abends hast du keine Zeit, weil dich das Büro so müde gemacht hat. Und da soll aus den Jungen was Ornliches werden!! Kein Mensch kümmert sich um seine Schularbeiten!"

„Och, Grethe, das is aber doch nich zu blasen! Du bist dja schließlich hier und kannst ihm doch helfen! So schwer is das doch alles nich, was die Kinder heute alles lernen sollen!"

„Und wer macht ihn zum Beispiel heute den Aufsatz?"

„Na, das wirst du doch wohl . . ."

„Ich!! Klar!! Du bist dja inner Firma. Du hast gut reden!"

„Grethe! Ich kann doch djetzt beim besten Willen nich . . ."

„Tja, was würdest du denn schreiben. Kommt der Junge heute an mit'n Hausaufsatz, wo er erkältet war, und nun soller schreiben!"

„Versteh ich nich!"

Willi mischte sich ein: „Frollein Kettler hat gesagt . . ."

„Halt den Mund djetzt, Djunge!" kam der Befehl von Vadder. „Ich red djetzt mit Mudder! Was hat das denn bloß mit seiner Erkältung zu tun!"

„Wie Frollein Kettler das erzählt hat, was se schreiben sollten, war Willi krank mit sein Husten. Und nun soller sich das von seine Schulkameraden erzählen lassen und denn den Aufsatz doch schreiben!"

„Na und?" fragte Vadder.

Mudder wurde leicht ungeduldig: „Nu schreib doch mal was über ‚Der Fündling'!"

„Über was?"

„Über ‚Der Fündling'!"

Vadder hörte mit Kauen auf. „Was' das denn?"

„Siehst du, du weißt es auch nich!"

„Du bischa wohl 'n büschen komisch heute, Grethe! ‚Fündling'! Das wirst du doch wohl noch können!"

„Was is es denn? Wenn du es weißt, denn sag es doch!"

„Fündling? — — Fündling! Mensch — Fündling, das is, wenn — früher vorn dreißigjährigen Krieg, wenn da ein Kind, wenn das — das wurde denn ausgesetzt und denn wurde es gefunden!"

„Und?"

„Und?“ Vadder wurde ungeduldig. „Das is alles! Das is ein Fündling! Da kann man ja schließlich was über schreiben!“

„Was denn, Heini?“

„Also, Grethe, djetzt – – du wirst mir doch nich im Ernst erzählen, daß man da nix über schreiben kann!“

„Dja, was soll man denn da nu über schreiben?“

Vadder sah nach der Uhr: „Wieviel Uhr is es? Mensch, Grethe, ich muß djetzt los! Mein Mantel! Wo sind meine – ah, das is schön, daß du die Brote gemacht hast. Jetzt aber los! Tschüs, Willi – – Willi!! Willst du mir nich ‚Auf Wiedersehn‘ sagen?“

Willi machte sich an seiner Mappe zu schaffen und sagte nur noch nebenbei: „Tschüs, Vadder!“

„So, dann Tschüs, Grethe!“ Die Tür flog auf und zu, es polterte auf der Treppe, und Mudder konnte nur noch von oben erkennen, wie Vadder unten die Gartentür zumachte und sehr eiligen Schrittes zur Haltestelle schritt. Als er unten an der Straßenecke war, sah sie sogar, daß er anfing zu laufen.

Ein Tisch mit abgegessenen Tellern, halbausgetrunkenem Tee und Krümeln auf der Decke war das, was bei Mudder zurückblieb. Und Willi!

„So, Willi, nu komm her und mach deine Schularbeiten!“ sagte Mudder. „Ich leg dir hier ne Zeitung aufn Tisch, nu hol deine Sachen raus und schreib!“

„Was denn zuerst?“

„Zuerst den Aufsatz!“ schlug Mudder vor. Es schien ihr doch das Schwerste.

„Was soll ich denn nu schreiben?“

„Junge, du kannst einen aber auch wirklich verrückt machen! Was hat Frollein Kettler denn nun erzählt von den Fündlingen?“

„Weiß ich nich!“

„Aber du sollt’st doch deine Freunde fragen!“

„Hab ich dja!“

„Und was haben die gesagt?“ wollte Mudder nun wissen.

„Ein Fündling, das is son Ding. Son Stein. Und der wird dann mitten Hühnern begraben!“

„Was is das? Sag das nochmal!“

„Das hat Klaus mir so gesagt. Das wär ein Stein, und der wird mit den Hühnern begraben!"

„Willi! Das is doch alles ganz verkehrt! Hör zu: Das is ein Stein und da wird ein Hünengrab draus gemacht!"

„Hühnergrab!"

„Nein, das sind keine Hühn*er*, das sind Hün*en!*"

„Hennen!"

„Nein, Hünen! Junge, nu paß doch auf, was Mudder dir sagt! Hünen, das sind Riesen, und die wurden da begraben. Und da hat man denn son Stein draufgesetzt, und das ist ein Fündling! Nu schreib, Willi! Schreib doch: Der Fündling!"

Gerade als Willi die Feder eintauchte, klingelte es. Mudder ging hinaus, um aufzumachen.

Eigentlich war der Federhalter ein Füllfederhalter. Aber der innere Mechanismus war nicht mehr ganz in Ordnung, und Willi tauchte mit ihm ein. „Son Idiotenkram!" knurrte Willi bei der Überschrift.

Dann ging die Tür auf, und Onkel Jan betrat mit Mudder die Küche.

„So!" meinte Jan, „da macht ihr nu also Schularbeiten! Dascha fein! Denn schreib man, Willi!"

Willi benutzte das Erscheinen von Onkel Jan, um noch einmal aufzustehen und mit Diener und Handgeben eine kleine Pause einzuschalten.

„Nu schreib man schön! Was mußt du denn?"

„Nen Aufsatz!"

„Worüber denn?"

„Über ‚Der Fündling'!"

„Über was?"

„ ‚Der Fündling'!"

„Djan, nu mach du auch noch son dummes Gesicht, wie die annern. Alle sind se heute morgen weg und haben gesagt: ‚Der Fündling? Das is doch ganz einfach!' Und nun sitz ich mit Willi alleine da und soll mit ihm den Aufsatz machen!"

„Na, das is doch nich so schwer", beruhigte Jan.

„Dja, weißt du denn noch, was'n Fündling is?"

„Ein Fündling? Klar! Das is son son – Ding –"

„Soviel haben mir die annern auch gesagt!" bemerkte Mudder.

Jan fuhr in seine Jackentasche und holte etwas in Papier Gewickeltes heraus. „Also Grethe, sei doch so gut und puhl mir mal eben die Bücklinge zurecht. Ich hab mir'n paar von Jan Flechtmann geholt und möchte sie gern zun Frühstück. Ich kann dja inzwischen Willi sein Aufsatz machen."

Willi strahlte! „Prima!"

Onkel Jan setzte sich zurecht. „Also los, Willi, schreib! Der Fündling ist ein – Moment mal! – Grethe, was is denn nu gemeint?"

Mudder hielt die Bücklinge in der Hand und schüttelte den Kopf: „Das mußte dja so kommen! Das wußte ich dja! Es handelt sich doch um die Steine auf den Hünengräbern!"

Jans Züge hellten sich auf: „Na klar! Der Fündling ist ein Stein. Punkt. – Willi! Nu schreib doch auch! Er liegt auf einem Hünengrabe. Punkt. Die Hünengräber sind in Norddeutschland. Punkt."

Mudder begann die Bücklinge zu zerlegen.

Zur gleichen Zeit saß Vadder im Büro. Man hatte die Fenster geöffnet, und von draußen kam die warme Luft des Morgens herein, während drinnen die Schreibmaschinen klapperten. Ab und zu wehte aus den Straßen her der Duft von frisch geröstetem Kaffee ins Fenster, so daß Vadder früher als gewöhnlich zum Butterbrot griff.

Das war das Signal für die andern Angestellten. Alles packte Brote und Thermosflaschen aus und man begann mit der Frühstückspause.

Vor Vadder saß Fräulein Lübke. Als sie in ihr Brötchen biß, fing Vadder eine Unterhaltung an:

„Wissen Sie, Frollein Lübke, das is ne ganz komische Sache. Seit heute morgen geht mir doch ein blöder Gedanke nich aus'm Kopf – man hat dja manchmal so verrückte Ideen: Was is das eigentlich: Ein Fündling?"

Fräulein Lübke hörte auf zu kauen: „Was meinen Sie, Herr Meierdierks? Ein Fündling? Was das ist?"

Vadder lachte so vor sich hin: „Ja, ich denk gerade so da

drüber nach, was das is. Man vergißt dja manches, was man aufer Schule gelernt hat."

Fräulein Lübke legte ihr Brötchen beiseite: „Ich will es Ihnen ganz genau sagen, Herr Meierdierks. Ich kuck mal eben im Duden nach. Moment, bitte!"

Ihre schnellen Finger durchblätterten das Buch der Rechtschreibung. „Hier!" sagte sie nach wenigen Sekunden. Ihr Zeigefinger hielt die Stelle fest.

„Zeigen Sie mal her, Frollein Lübke!" Vadder angelte nach dem Buch und las: „Findelkind – vom diluvialen Inlandeis verschleppter Gesteinsblock. Na, klar – wußt ich doch! Schönen Dank, Frollein Lübke!"

Damit legte er das Buch wieder zurück, und beide frühstückten weiter.

Auch in Karls Firma hatte die Frühstückspause begonnen. Und Karl benutzte die Gelegenheit, sich über den Duden der Chefsekretärin herzumachen. Während alles andere frühstückte, murmelte er dunkle Worte vor sich hin. Dabei fuhr sein Zeigefinger die Rubriken rauf und runter, bis er den Stein der Vorzeit und des Anstoßes gefunden hatte:

„Filüre, Filz, Filzen, Du filzest, Fimmel, findig, Findigkeit, Findling – aha! Vom diluvialen Inlandeis verschleppter Gesteinsblock! Na klar! Wußt ich doch!"

Damit klappte Karl das Buch zu, und auch er gab sich der Pause hin, steckte einen Strohhalm in die Milchflasche und biß kräftig ins Brötchen.

Es war halb sieben Uhr abends, als die drei Männer der Familie vor dem Hause zusammentrafen. Vadder, Karl und Willi, der auch erst nach einem Umweg über eine besonders interessante Hausruine nach Hause kam.

Alle drei polterten zugleich die Treppe hinauf und in die Küche, wo sie von Mudder und Christine begrüßt wurden.

Der erste, der sich nach Willis Aufsatz erkundigte, war Vadder:

„Na, Willi? Wie war der Aufsatz?"

„Der war in Ordnung!"

Mudder fügte hinzu: „Er hat ihn schön sauber abgeschrieben. Onkel Djan hat ihm dabei geholfen!"

„Onkel Djan?" Vadders Züge wurden ungläubig.

„Warum denn nich?" meinte Mudder.

„Na, und was hat Frollein Kettler dazu gesagt?"

„Nöx!"

„Hat sie den Aufsatz denn gelesen?"

„Nee!"

„Na, jetzt bin ich dja doch gespannt, was Djan ihm da wohl geholfen hat", meinte Vadder. „Zeig mal das Heft!"

Uninteressiert ging Willi an seine Mappe. Wieder hielt er sie schräg, so daß ein Buch herausfiel. Vadder wollte es aufhalten, dadurch aber entglitt Willi die Tasche vollends, und der ganze Inhalt ergoß sich auf den Boden.

Buntfarbige Hefte lagen obenauf. Vadder begann die Titel zu studieren und die Bilder anzusehen:

„Was ist das denn? ‚Tommi Brux: Die Blutrache des Häuptlings Muh'? Scharli Haffkins: ‚Die gläserne Spinne im Teehaus von Mipeizeng'? Willi, was ist das denn? Wie kommst du denn bloß zu dem – dem – ‚Schmutz und Schund'!!"

Mudder hatte die Hand vor dem Mund. „Wo sie das djetzt doch so bekämpfen. Nein, Heinrich, unser Djunge! Willi!! Deine Eltern wollen doch nich mit'n Gesetz in Konflikt kommen!

Willi stand davor und rührte sich nicht. „Das versteh ich nich!" meinte er.

Mudder wollte aber alles wissen: „Aber Djunge! Wo haste die Hefte her? Das ist doch Schmutz und Schund!"

„Ausser Schule!" sagte Willi.

Auf Mudders unverstehendes Gesicht hatte er nur die Antwort: „Jaa, wir tauschen doch immer. Mit Klaus und Fidi und Dieter. Das sind prima Hefte!"

Vadder griff nach den Heften. „Die laß mal für Vadder heute abend. Das will ich mir erst mal ankucken! Aber djetzt will ich den Aufsatz sehen. Her damit!"

Willis Gesicht war das, was man bei Erwachsenen mit „griesgrämig" zu bezeichnen pflegt. Stumm reichte er seinem Vater das Heft, das dieser durchblätterte.

„Aha! Hier is es!" sagte Vadder und begann, laut den Aufsatz vorzulesen. „Hausaufsatz. Der Fündling. Der Fündling Willi, das wird aber nich mit ‚ü' geschrieben, sondern mit ‚i'! Der Fündling is ein Stein. Er liecht – Mensch! Mit ‚c-h'! Er liecht in einem Hühnengrabe. Das hätte Jan vielleicht auch wissen können, daß das nich mit ‚h' geschrieben wird. Die Hühnengräber sind in Norddeutschland, wo das Meer is. Auf dem Meere fahren Schiffe. Der Oberste auf einem Schiff is der – was soll das nun heißen? – Kepen? –"

„Wahrscheinlich ‚Kapitän', Heinrich!"

„Dja, richtig. Es gibt zweierlei Kapitäne. Kapitäne auf großer Fahrt und auf kleiner Fahrt. Das Leben auf den Schiffen is nicht

Der Fündling.

Der Fündling is ein Stein. Er liecht in einem Hühnengrabe. Die Hühnengräber sind in Norddeutschland, wo das Meer is. Auf dem Meere fahren Schiffe. Der Oberste auf einem Schiff is der Kepen. Es gibt zweierlei Käpitäne. Kapitäne auf großer Fahrt und auf kleiner Fahrt. Das Leben auf den Schiffen is nicht leicht. Die Arbeit is sehr schwer. Manche Schiffe fahren bis nach Westindien. Da gibt es Kaffee, Kakao und vorallem Ram kommt aus Jamaika. Jamiaka is eine Insel. Sie is sehr schön und wenn man anLand geht, kann man viel erleben. Es gibt auf Jamaika auch schöne Sombreros zu kaufen. Aber Fündlinge gibt es auf Jamaika nich!

leicht. Die Arbeit is sehr schwer. Manche Schiffe fahren bis nach Westindien. Da gibt es Kaffee, Kakao und vor allem Rum kommt aus Jamaika. Jamaika is eine Insel. Sie is sehr schön und wenn man an Land geht, kann man viel erleben. Es gibt auf Jamaika auch schöne Sombreros zu kaufen. Aber Fündlinge gibt es auf Jamaika nich!“

Vadder zog sein Taschentuch und wischte sich über die Stirn. „Sag mal, Willi, hat das Frollein Kettler gelesen?“

„Ich sag doch: Nee!“

Vadder drehte sich zu Mudder um: „Was is denn bloß mit Djan los! Wie kann man denn bloß sowas schreiben!!“

Mudder parierte: „Ich finde das ganz schön. Ihr habt dja auch nich mehr gewußt. Und außerdem *gibt* es dja auf Djamaika keine Fündlinge. Das *stimmt* doch!“

Vadder schob das Heft beiseite und sah Mudder an: „Also Grethe! Ich hab nich mehr gewußt? Hör mal! Es is doch wohl klar, daß man nich bein Frühstück ’nen langen Vortrag halten kann.“

„Na, Kaal hat doch auch nix gewußt heute morgen!“

Jetzt geriet Karl in Rage: „Ich hab nix gewußt? Mudder, das is doch wirklich nich zu glauben! Das weiß ich doch noch vonner Schule her!“

„Klar!“ sagte Vadder.

„Das weiß doch djedes Kind!“ ereiferte sich Karl.

„Manchmal“, sagte Vadder, „manchmal hab ich den Eindruck, Grethe, du hältst deinen Mann für dumm!“

„Heute morgen habt ihr auch so ausgesehen!“ fand Mudder.

Wie aus einem Munde fragten Karl und Vadder: „Wieso?“

„Na – Ihr wißt es genau dja djetzt auch noch nich!“

Vadder blieb der Mund weit offen stehen.

Karl blickte ebenso empört. Aber er faßte sich als erster. „Aber Mudder – das is doch wahrhaftig nix Besonneres. In ganz kurzen Worten, Mudder: Ein Fündling is ...“

In diesem Augenblick faßte sich auch Vadder wieder und beide Männer sprachen einstimmig den Satz:

„. . . ein vom diluvialen Inlandeis verschleppter Gesteinsblock!“

6. Kapitel

Malheur in Vegesack

Vadders Benehmen am Tage vor Sunnerklaus war eigenartig. Er kam nach Hause, sagte „Nabend!“ und ging dann, entgegen seiner sonstigen Gewohnheit, die Zeitung zu lesen, für eine Stunde im Zimmer auf und ab. Mudders Fragen: „Was hast du denn?“ beantwortete er mit einem Brummen und „Laß man!“, und niemand verstand so richtig, warum Vadder wie ein eingesperrter Tiger durch die Zimmer lief.

Auch während des Abendbrotes sprach er kein Wort. Stumm schlang er die Bratkartoffeln hinunter, und die Familie, von diesem unheimlichen Gebahren sichtlich beeindruckt, saß nun ebenfalls wortlos am Tisch. Als Willi zu Bett gebracht war und Karl und Christine mit unbekannten Zielen das Haus verlassen hatten, räusperte sich Vadder und sagte:

„Grethe, ich muß mal mit dir über was sprechen!“

Mudder setzte sich zu ihm an den Tisch und machte ein teilnehmendes Gesicht.

„Es handelt sich nämlich um Fahrentholt!“

Dieser Satz war der Anfang zu einem großen Vortrag über die „Personalpolitik“ seiner Firma, in der Herr Fahrentholt seit kurzer Zeit als Prokurist tätig war. Herr Fahrentholt war für Vadder das „Haar in der Suppe“. Seit Herr Fahrentholt in der Firma war, war das Leben für Vadder freudlos geworden. Die Arbeit machte keinen Spaß mehr und je mehr Herr Fahrentholt beim „Alten“ an Ansehen gewann, desto deprimierter wurde Vadders Gemüt. Heute abend war es ganz besonders unangenehm gewesen. Herr Fahrentholt hatte mit Vadder über private Dinge gesprochen und dabei Ansichten geäußert, die ebenso aktuell wie absurd waren.

„Das Schlimme aber is“, so endete Vadders Vortrag, „daß der Kerl mir heute erklärte, die Kinnererziehung von heute sei geradezu mittelalterlich. An'n Sunnerklaus würde man die Kinner zum Betteln erziehen!“

„Was 'n Quatsch!" entrüstete sich Mudder.

„Und seinen Jungen würde er schon was beibringen, wenn er ihn bein Sunnerklauslaufen erwischt. Sein Junge würde das nich mitmachen!"

„Und was hast du ihm da gesagt?"

Vadder hob einen Augenblick wie erstaunt den Kopf. „Nix!" sagte er.

„Tja, Heini, das is nu aber – *ich* hätte ihm bestimmt gesagt: 'Davon verstehen Sie nix, Herr Fahrentholt!'"

Jetzt faßte Vadder Mudders Hand und beugte sich weit vor, um zu zeigen, wie wichtig das Folgende war: „Grethe! Ich will meine Ruhe inner Firma. Weiter nix! Und ich hab beschlossen, daß Willi morgen *nich* mit den Kinnern läuft!"

„Das versteh ich nu wirklich nich. Warum soll denn nu unser Willi deswegen nich laufen? Das geht den Fahrentholt doch nix an!"

„Du hast dja recht, Grethe. Aber Fahrentholt sein Junge geht eine Klasse über Willi. Wenn der das denn sein Vadder erzählt, daß Willi gelaufen is, denn – du weißt doch, wie Kinner so sind, nich?"

„Du hast ihn also doch recht gegeben und ihn nach'n Mund geredet. Das isses dja, wo ich drauf raus will. Oder sag mal – stimmt da was nicht? Mit dem Chef und dir? Oder mit Fahrentholt?"

„Quatsch! Ganz in'n Gegenteil! Alles, was so mehr Vertrauenssache is, muß *ich* dja machen. Heute hat er noch zu mir gesagt: ‚Herr Meierdierks', hat er gesagt, ‚ich bin übermorgen früh in Hannover, und meine Frau braucht Geld für'n paar Rechnungen und den Haushalt. Hier haben Sie 'n Scheck über fümfhunnert Mark. Gehen Sie doch gleich Montagmorgen zur Bank und bringen Sie das Geld meiner Frau bis um zehn Uhr."

Damit holte er seine Brieftasche hervor und zeigte Mudder den Scheck.

„Also, Heini, ich weiß ganich, was du willst! Dann is doch alles in bester Ordnung!"

„Eben *nich,* Grethe! Aber laß man! Davon verstehst du nix!"

„Und unser Willi soll also nich ..."

Vadder stand auf und seufzte. „Nu laß doch, Grethe! Es is dja nur – – es macht mich ruhiger. Es is dja nur ne Formsache! Is dja auch wahr: Eigentlich is Willi dja schon viel zu groß, um Sunnerklaus zu laufen. In dem Alter lernt er auch tatsächlich betteln. Das stimmt dja auch. Wenn er ein büschen jünger wäre. Aber er hat dja auch djetzt da gar keinen richtigen Spaß mehr an!"

„Wart man bis morgen!" sagte Mudder, „da wird sich dann schon alles finnen!"

Am nächsten Tag, an dem Vadder schon mittags nach Hause kam, hatte sich in seiner Meinung aber nichts geändert.

Karl und Christine, die von Vadders Beschluß hörten, prophezeiten eine Katastrophe mit Willi!

„Du wirst dja sehen, was du fürn Theater krist, wenn du das Willi sagst, wenn er nach Haus kommt!" sagte Karl. Und Christine pflichtete ihm bei: „Ich glaub auch, Vadder! Denn Willi freut sich da schon die ganze Woche auf!"

Vadder saß da und seufzte: „Das hat dja damit alles nix zu tun. Er muß eben auch mal sehn, daß das Leben nich nur aus Vergnügen besteht und man alles geschenkt kriegt!"

Bei diesen Worten sagte Karl „Wiersehn!" und ging aus der Küche. Auch Christine verschwand unter irgendeinem Vorwand.

Vadder blieb am Tisch sitzen.

„Nun sitz nich so rum, Heini, und stier vor dich hin. Is dja alles albern! Wenn du eben meinst, daß Willi nich soll, dann geht er eben nich. Nächste Woche is das alles schon wieder vergessen. Kaal und Christine hast du auch schon aus'n Haus gejagt mit dein Gerede. Nu muksch mich nich auch noch an!"

Vadder blickte weiter finster vor sich hin. „Nu laß man, Grethe, ich mach das schon!"

Die Tür ging auf und Willi kam herein. In der Hand hielt er ein schwarzes Knäuel.

„Na, Willi?"

„Ich hab hier 'n paar schwaaze Strümpfe fürs Gesicht!" sagte er und streifte sich einen der etwas durchlöcherten Florstrümpfe über den Kopf. „Wie sieht das aus?"

„Willst du nich ‚Guten Tag' sagen?"

„Tag, Vadder!"

„Tag, mein Djunge!"

„Hier, Kuck mal, Mudder! Hab ich von Egon seine Schwester. Die braucht die nich mehr, Klaus hat auch einen!"

Vadder räusperte sich. „Du! Willi! Komm mal zu Vadder!"

Mit einer Falte auf der Stirn ging Willi langsam auf Vadder zu, der ihn in den Arm nahm und ihm erklärte: „Paß mal auf, Djunge: Eigentlich solltest du dja heute Sünnerklaus laufen. Nu is mir da heute was dazwischen gekommen. Also, das is ... Nu mach doch nich gleich son Gesicht, Jung!"

Um Willis Unterlippe zuckte es. „Warum soll ich denn nich? Die annern, die ..."

„Die annern intressieren mich grundsätzlich nich! Und denn wollt ich außerdem mit dir wegfahren!"

Willi versuchte gegen diese Erklärung einzuwenden: „Ich will aber ..."

„Ich will, ich will, ich will! Du muscha auch mal denken, daß es außer dir auch noch annere Menschen gibt, die was wollen!"

„Warum kann ich denn nich?"

„Willi, nu hör doch erst mal zu, was ich dir sagen wollte. Paß auf: Ich fahr mit dir zu Onkel Fidi."

„Ich ..."

„Hör doch zu, Willi!! Woll'n mal sehen, ob wir nich von Onkel Fidi djetzt son kleinen Dackel bekommen!"

Willis Augen, die bis dahin nur in eine Ecke der Küche gestiert hatten, sahen Vadder mit plötzlich erwachendem Interesse an: „Ein Hund?"

„Dja!"

„Vadder, können wir denn nich abends spät fahren oder morgen früh?"

„Das geht nich. Außerdem is Onkel Fidi denn nich da. Er hat gesagt, dasser mir wohl einen von seine kleinen Dackels abgeben würde!"

„Mensch!" sagte Willi.

Mudder hatte die Teekanne in der Hand und ließ sie beinahe fallen. „Dja – Heini – wieso – was – wo wollt ihr denn mit den hin?"

„Wo der hin soll? Hier ins Haus! Wenn du nix dagegen hast!“

Mudder stellte die Kanne hin: „Sag mal, Heini, muß das sein? Da kannst du doch vorher was sagen. Das is alles so – was soll ich denn nun mit ’n Hund!“

„Was is das denn für einer?“ wollte Willi wissen.

„En Dackel. Ein ganz kleiner!“

Mudder fragte weiter: „Is er stubenrein?“

„Grethe! Erstens sind Dackel stubenrein und zweitens kann man dja schließlich auch mal son büschen wegmachen, wenns mal passiert, nich?“

„Was fürn Umstand!!“

„Das is gar kein Umstand – sondern wir fahren djetzt ab!“ sagte Vadder sehr laut und stand auf.

Willis Interesse begann zu erwachen. „Mit’n Bus oder mitter Bahn?“

„Mitter Bahn!“ sagte Vadder sanft. „Nu, Grethe, mach den Djungen fertig, damit wir abhauen können!“

Mudder versuchte noch einen Einwand: „Ihr seid doch nich vorn Dunkelwerden in Vegesack!“

Aber Vadder antwortete: „Das macht doch nix! Ich will doch nur den Hund holen, und wir kommen gleich zurück!“

Er griff nach seinem Mantel, und Mudder zog Willi sanft am Arm: „Komm her, Willi, hier! Zieh die Jacke an! Erst den Schal! Sooo! Warte! Erst die Handschuhe!“

Vadder zog an seinem Mantel: „Fertig?“

„Dja“

„Na, dann los! So um neun rum sind wir wieder zurück. Kann auch’n büschen später werden, Grethe!“

Willis Begeisterung wuchs. Als Vadder Mudder zum Abschied auf den Rücken klopfte, was sie eigentlich gar nicht „abkonnte“, war Willi schon die Treppen hinunter und schrie von unten: „Wiersehn, Mudder!“

Bald standen die beiden in der Elektrischen, stiegen am Markt um in die Vier und fuhren zum Bahnhof. Am Herdentor hielt die Bahn. Direkt an der Hillmannpassage.

„Der Strom is weg!“ rief der Schaffner. „Es kann en paar Minuten dauern!“

Vadder sah nach der Uhr. In acht Minuten ging der Zug.

„Komm, Willi, wir gehn das Stück zu Fuß!“ sagte er und hob Willi aus dem Wagen. „Wir müssen uns en büschen beeilen, weil der Zug bald fährt!“

Während beide nun in die Bahnhofstraße einbogen, der Vadder mit großen Schritten, bei denen Willi stets auf einen zwei machte, meinte Vadder: „Is es auch nich zu schnell so?“

„Nö, laß man, Vadder, ich kann noch viel schneller!“ Dabei zog er Vadder am Mantelärmel in Richtung Bahnhof vorwärts, daß dieser von dem Ruck schräg nach vorn gerissen wurde.

„Nich doch, Willi! So schnell doch nich, Djunge! Laß das doch nach, Djunge!“

Willi prahlte: „Das Tempo kann ich den ganzen Tag aushalten!“

„Na, nach ner Stunde wärste ganz fix müde, du!“

„Nee“, meinte Willi, „ich hab neulich mal mit Klaus umere Wette aufn Nachhauseweg. Du – da hab ich aber ganz schön die Kurve gekratzt!!“

„Was hast du?“

„Da bin ich vielleicht gewetzt, du!“

Sie gingen wortlos nebeneinander. Auf der andern Seite, zwischen Schaper-Siedenburg und Rehm zog eine Schar Kinder, in abenteuerlicher Verkleidung:

„Sunnerkluus, de grode Mann,
kloppt an alle Dören an.
Lüttje Kinner gifft he wat,
grode Kinner steckt he in'n Sack!
Halli, halli, halloh!
So geit' nah Bremen to!“

Das Klopfen ihrer großen Knüppel im Eingang des Ladens dröhnte bis zu den beiden herüber, die auf einmal anfingen noch schneller zu gehen.

Nach einer Pause meinte Willi: „Die haben ja auch 'n Vogel, Vadder!“

„Wer!"

„Die Kinder da drüben! Jetzt, wos noch ganz hell is, gehen die schon Sunnerklaus laufen!"

„Ja, is ja auch verrückt!" meinte Vadder, und dann blieb er plötzlich stehen. „Du, Willi? Oder – wollen wir *nich* fahren? Ich mein – möchtest du *sehr* gern Sunnerklaus laufen?"

Willi steckte die Hände in die Hosentaschen: „Nö, überhaupt nich. Ich bin sowieso zu alt dazu! Früher, wie ich noch klein war, da –"

Vadder rührte sich nicht von der Stelle: „Willi, sag ruhig! Wenn du willst, dann bleiben wir hier!"

„Ach was, Vadder, mach man zu. Wann fährt der Zug?"

„In'n paar Minuten! Komm, dann faß Vadder an!"

In der Bahnhofshalle war es verhältnismäßig leer. Gerade trat Vadder an den Schalter und sagte: „Ein Erwachsener und ein Kind dritter Vegesack!", als ein Mann ihn an der Schulter berührte:

„Verzeihen Sie vielmals, aber mein Zug fährt in einerMinute, würden Sie mich wohl vorlassen?"

Vadder trat zurück und sagte: „Bittesehr! Unserer fährt aber auch jetzt!"

Aber der Mann sagte: „Danke schön!", war schon am Schalter, kaufte seine Fahrkarte und rannte mit wehendem Mantel und der Aktentasche in der Hand quer durch die Halle auf die Sperre zu, hinter der er verschwand.

Dann war Vadder an der Reihe und auch die beiden liefen schnell durch die Sperre auf den Bahnsteig, wo der Zug schon stand.

Der Wagen, in den sie stiegen, war überheizt. Eine warme, feuchte Luft war in dem durchgehenden Abteil, und es roch nach Pfeifentabak. Vadder setzte sich neben eine ältere Dame. Sie trug einen schwarzen Filzhut und einen Schleier ums Gesicht und hatte, obwohl sie eine Frau war, „väterliche" Augen.

Der Zug setzte sich in Bewegung. Willi machte sich auf der Plattform zu schaffen.

Die Dame tippte Vadder leicht an: „Is das Ihr Junge da draußen?"

„Wo?"

„Da draußen an der Tür! Ich sag nur, daß er nich rausfällt aus'n Zug!"

„Willi!! Geh da vonner Tür weg!" Und zu der Dame: „Schönen Dank auch!"

„Ich bin nich annere Tür!" nöhlte Willi von draußen.

„Komm hier rein, Willi! Hörst du nich?"

„Komm her zu mir, mein Junge!" meinte die Dame. „Hier is noch Platz! Wir vertragen uns schon!" Damit rückte sie ein wenig zur Seite.

Willi kam langsam in den Wagen zurück und setzte sich neben die Dame.

„Wie heißt du denn?" wollte sie wissen.

„Willi!"

„Und wie weiter?"

„Meierdierks."

„Das ist aber schön! – Gehst du denn schon zur Schule?"

„Dja."

„Gehst du denn heute auch Sunnerklaus laufen?"

„Nee."

„Das mußt du aber tun! Ein richtiger Junge muß Sunnerklaus laufen!"

„Wie ich noch klein war, hab ich schon. Ich bin schon zu groß!"

„Nein, Willi!" widersprach die Dame. „Das kannst du gut noch machen in deinem Alter!"

Vadder unterbrach diese Unterhaltung. „Also, Willi, djetzt geh da wieder raus! Aber nich zu nahe an die Tür! Hörst du?"

Willi war schon draußen.

Die Dame bog den Kopf zur Seite, daß sie durch den Gang sehen konnte: „Da steht er schon wieder an der Tür! Ich würde ihn ja nicht da draußen –"

Vadder unterbrach: „Djajaja, lassense man!"

„Warum will er denn nich Sunnerklaus laufen? Sind Sie nich von hier?" fragte die Dame.

Vadder sann über einen triftigen Grund nach: „Dja, wissen

Sie – er wollte –" Vadder dämpfte seine Stimme, „wir haben nämlich ein'n Trauerfall!"

Der Dame war alles sehr peinlich. „Ah, so ja!" sagte sie. „Natürlich! Verzeihen Sie!" Und nach einer Pause fügte sie hinzu: „Mein Beileid!"

Vadder aber tat, als ob er schlief. Bis Vegesack saß er zurückgelehnt mit geschlossenen Augen. Nur ab und zu blinzelte er mit einem Auge nach draußen, ob Willi auch nicht zu nahe an der Tür stand.

Willi wollte zu Fuß gehen, als sie ankamen.

„Is aber ziemlich weit!" meinte Vadder.

„Das macht doch nix!" sagte Willi und trabte neben dem Vater her.

Es begann zu dämmern, als sie durch die Hauptstraße gingen. Die Geschäfte machten schon Licht an, und als sie die Straße nach Blumenthal hinuntergingen, lag ein dichter Nebel auf der Straße und es roch nach faulendem Laub.

Dann fing es an zu regnen. Für diese Jahreszeit war es ein beinahe warmer Regen, der fiel.

„Der Regen is ne Schweinerei!" meinte Willi im Trab neben Vadder.

„Dja. Aber wir sind dja gleich da, Djunge! Da is schon der Lüssumer Grund, und da hinten, wo die Laterne brennt, da is schon der Weg zu Onkel Fidis Haus!"

„Wie lange dauert das denn noch?"

„Nur noch 'n paar Minuten!" sagte Vadder und zog im selben Augenblick die Hand von Willis Schulter zurück: „Djunge! Du bischa schon ganz naß! Warum hat Mudder dir auch nich die Windjacke angezogen!"

„Ischa nich so schlimm, Vadder! Mach man zu!"

„Setz die Mütze richtig auf! Sooo!"

„Den Dackel kann man doch dressieren, nich?"

„Klar!"

„Vadder? Der gibt doch dann auch Pfote, nich?"

„Ja, natürlich. Nu schlag dir doch den Kragen hoch, Willi, dir läuft ja alles in den Kragen rein!"

Es war ein richtiger Platzregen geworden, und als sie vor der

Hecke an Onkel Fidis Haus standen, pladderte es vom dunklen Himmel herab, wie bei einem Gewitter.

Vadder zog an der Glocke, weil die Gartentür verschlossen war.

„Die sind bestimmt nich da!“ meinte Willi.

„Doch!“ sagte Vadder. „Man muß hier bloß hinten um das Haus rum!“

Er klingelte noch einmal.

Es blieb still.

Und der Regen fiel in Strömen vom Himmel.

Dann ging im Nachbarhaus ein Fenster auf.

Eine Stimme rief von dort her: „Fidi Marwede is nich zu Hause! Der is nach Hannover hin nach seinen Sohn! Kommt erst morgen wieder!“

„Ach, du lieber Gott, son Mallöhr!“ meinte Vadder. Dann rief er in der Richtung des Fensters zurück: „Danke schön!“ und fragte Willi: „Kannst du noch? Bist du auch nich zu naß?“

Willi klapperte mit den Zähnen. „Kriegen wir denn den Hund nu nich mit?“

„Also, du, das tut mir dja direktemang leid, mein Djunge. Das is aber auch –. Aber das wußt ich dja nich vorher, nich? Wir fahren denn am Montag noch mal hierhin, nich? – Mensch, djetzt den ganzen Weg bis inne Stadt. Ich werd verrückt!“

„Och, Vadder, ischa egal. Hauptsache is, daß wir ihn kriegen. Ein paar Tage macht dascha nix, nich?“

So patschten Vadder und Willi wieder den Weg zurück. Der Regen hörte und hörte nicht auf. Vadder fühlte, wie ihm langsam irgendwo an einer Mantelnaht das Wasser bis auf die Haut rieselte. Ab und zu fühlte er nach Willis Schulter. Sie war patschnaß.

„Wenn wir in Vegesack sind, denn kauf ich dir auch was Feines! Was möchteste denn haben?“ fragte Vadder.

„Och, laß man, Vadder. Da hinten war sone Bäckerei. Da gibt es Eis!“

„Du kannst doch nich bei sone Kälte Eis essen!“

„Ich frier aber nich!“

„Nee, Willi, ich kauf dir Kaugummi. Und denn gehn wir was Warmes trinken!"

„In Ordnung, Vadder!" klapperte Willi mit den Zähnen.

Endlich waren sie wieder in der Hauptstraße.

„Da drüben is die Bäckerei. Da hol ich dir – da –" Vadder blieb wie angewurzelt plötzlich stehen.

„Willi!! Meine Brieftasche!" Vadder dachte, ihm müsse das Herz zerspringen. Er faßte in seine linke Jackentasche – sie war leer! Blitzartig war ihm klar: In der Brieftasche war nicht nur sein Geld, sondern auch der Scheck seines Chefs.

„Warte mal, Djunge! Ich hab se doch eben noch gehabt! Stell dich da man innen Eingang von'n Laden! Vadder läuft eben zurück! Und rühr dich nich vonner Stelle! Hörst du?"

Willi trat in den Ladeneingang.

Mit langen Schritten lief Vadder die Straße hinunter. Auf dem Bürgersteig gingen die Menschen von Geschäft zu Geschäft. Vadder lief auf dem Fahrdamm. Ein Auto hupte laut und fuhr haarscharf an ihm vorbei.

„Lieber Gott! Der Scheck!" dachte Vadder. „Es kann nur da am Zaun gewesen sein, daß ich sie verloren habe!"

Er lief weiter und merkte bald, daß er wohl nicht die ganze Strecke so laufen konnte. Der Atem blieb ihm einfach weg.

Dann, in der Höhe des Krankenhauses, blieb er wieder stehen. Es fiel ihm der Mann ein im Bahnhof von Bremen.

„Eine Schweinerei!" sagte er laut vor sich hin. Dann machte er eine Bewegung mit der Hand, als ob ihm gerade ein Zug weggefahren sei, und ging tief atmend den Weg zurück. „Natürlich!" dachte er. „Der war's. Der sich da vordrängte!" Genau sah Vadder vor seinen Augen jetzt die Brieftasche auf dem Zählbrett des Schalters. Deshalb war der Mann auch so gelaufen!

„Ein Schwein!" sagte Vadder laut vor sich hin.

Es war eine große Strecke, die er gelaufen war. In seiner Manteltasche fühlte er einige Münzen. Er ging an ein helles Schaufenster, um zu sehen, wie viel es war. Sechzehn Pfennige!

Von fern hörte er die Sirene des Unfallwagens. Ein paar Autos hielten an der Straße. Menschen hasteten auf dem Bürgersteig. Laut heulend dröhnte die Sirene jetzt vorbei. Ein blauer

Scheinwerfer strahlte ihn einen Augenblick an, dann hielt das Auto ein paar hundert Meter weiter bei der dunklen Masse eines Menschenauflaufes.

Vadder hörte eine Frau rufen: „Ein Kind haben sie überfahren! Direkt reingelaufen ins Auto!"

„Wars ein Djunge?" hielt Vadder die Frau an.

„Ja, ich glaube!" sagte sie im Weitergehen.

„Oh Gott! Willi!!" Vadder rief es laut heraus. Dann rannte er die Straße hinunter.

Dort drüben war der Laden!

Ein paar Schritte noch – der Eingang war leer.

Vadder stand wie angewurzelt. Er fühlte, daß seine Zunge ganz trocken war. Er wollte schlucken. Aber es ging nicht.

Dann, als ob er ihn damit herholen könnte, schrie er laut zu der Ecke hinüber: „Willi!!"

Ein Schatten löste sich aus der Tür neben dem Laden.

In ein paar Sätzen war Vadder drüben. Es war Willi!

„Vadder?"

„Hab dir nich gesagt, dasse da stehenbleiben solls?!"

Vadders Hand holte aus und klatschte auf Willis Backe.

Der Junge stand vor ihm, klein und naßgeregnet. Vadder sah, wie Willis Unterlippe zuckte.

„Djetzt – Bengel – kuck mich nich so an! Ich hab dir doch gesagt, du sollst da warten! – Nu fang doch nich an zu heulen! Komm! Willi! – Ich wollte dascha nich eben! – Laß doch mal, Djunge! – du – ich hab vielleicht ein Pech gehabt! Ich hab das ganze Geld verloren!"

„Das Geld?" fragte Willi.

„Dja, der Kerl in Bremen hat mir die Brieftasche gestohlen!"

Willi verstand das nicht ganz. Er fühlte nur die Kälte und die Nässe und hörte nur, wie Vadder sagte: „Willi, kannst du noch'n kleines Stück laufen? Wir müssen aufer Straße nach Bremen ein Auto anhalten."

„Dja!" sagte Willi. „Ich kann noch." Er war müde.

Dann lief er neben Vadder her. Es war eine lange Strecke. Unten an der Bahn waren die Schranken geschlossen. Ein dunkler

Wagen hielt davor. Vadder trat an das rechte Fenster. Ein älterer Herr drehte es herunter.

„Nach Bremen wollen Sie? Da haben Sie aber Glück gehabt! Ich fahr nämlich zufällig dorthin! Na, dann steigen Sie man ein!" meinte er und machte die Tür auf.

„Junge, du bist ja ganz naß! Hier! Wickeln Sie mal die Decke um Ihren Jungen. Oder is das nich Ihrer?"

„Doch – das is meiner! Ja, wir haben Pech gehabt. Wir haben nämlich –"

„Is schon gut! Steigen Sie man ein!"

Die Schranken öffneten sich. Vadder blickte nach links. Dort schwebte die rote Schlußlampe des Zuges weg.

Der Herr fuhr an.

In einer knappen halben Stunde waren sie in Bremen. Der Herr fuhr sie bis zum Haus.

„So! Da sind wir!" sagte er und hielt direkt vor der Gartentür.

Oben in der Küche brannte noch Licht. Vadder öffnete die Wagentür.

„Nein, nach vorne!" sagte der Herr und machte die Tür auf. „Nu passen Sie bloß auf den Jungen auf, daß er sich nicht erkältet. Er schläft ja wie ein Sack. Lassen Sie man die Decke drum! Die hol ich mir morgen wieder ab. Ich hab ja Ihre Adresse. Warten Sie! Ich helf Ihnen! Nehmen Sie ihn man auf'n Arm! Sooo! Geht's?"

„Dja, dankeschön! Nochmals vielen Dank auch!" sagte Vadder und tastete mit den Füßen vorsichtig bis zum Gartentor.

„Nichts zu danken!" rief der Herr und fuhr ab.

Vadder stieg mit Willi auf dem Arm die Treppe hinauf und drückte mit dem Arm die Klinke der Haustür herunter. Die Tür war noch nicht verschlossen. Die Glocke schrillte.

Sie waren zu Hause.

Oben ging eine Tür. Es war Mudder.

„Heini?"

„Dja!" sagte Vadder.

„Gottseidank, daß du da bist!" Mutter stolperte die Treppe herunter. Ihre Stimme überschlug sich vor Aufregung. „Wir haben uns dja solche Sorgen gemacht! Herr Lemke, der Bahnbeamte von zwei Häuser weiter – du weißt doch – der nette – der hat deine Brieftasche gebracht. Die war am Schalter liegen geblieben!“

Mudder konnte gegen die Flurlampe Vadders Gesicht nicht erkennen. Er sagte nichts und stand nur da, mit Willi auf den Arm.

„Heini! Heini, hörst du nich!! Die Brieftasche is da!“ beschwor ihn Mudder von der letzten Treppenstufe.

Da trat Vadder ins volle Licht der Lampe. Man konnte sehen: Er hatte eine zornige Falte auf der Stirn.

„Grethe!“ sagte er. „Nu mach doch nich son Lärm! Du siehst doch: der Djunge schläft!“

7. Kapitel

Die Verlobung

Es war einfach nichts dagegen zu machen! Karl war eines Abends nach Hause gekommen und hatte gesagt: „Übrigens – ich bin heute bei Wätzkes gewesen und hab um die Hand angehalten!"

Vadder hatte bei diesen Worten das Gefühl gehabt, es müsse mit Karl etwas nicht richtig sein. Er hatte ihn angesehen, als ob er befürchtete, daß Karl vielleicht von sich behaupten könne, er sei ein Nachkomme Napoleons oder Goethes. So absurd war Vadder dieser Gedanke im Anfang gewesen, daß Karl jetzt in seinem Alter etwa heiraten wollte.

Nun war aber nichts mehr daran zu machen. Wochen waren ins Land gegangen, ohne daß die Reden und Warnungen der Eltern überhaupt von Karl beachtet worden waren. Im Gegenteil! Je mehr Vadder sagte: „Bleib noch 'n paar Djahre allein, mein Djunge! Wenn du erst verheiratet bist, is die Mark nur noch fümfzig Fennig wert!" desto mehr fühlte Karl in sich den Drang, ein eigenes Nest zu bauen. Und je mehr Mudder ihm einflößte: „Ich hab die Gisela heute wieder gesehn! Sie sah aber aus wie 'n Papagei!" desto mehr liebte er die farbigen Kleider seiner Angebeteten.

Es blieb nur noch eine Sache zu überlegen: Wann sollte die offizielle Verlobung steigen. Vadder und Mudder hegten dabei immer noch den heimlichen Wunsch, daß durch die Verlobung in Karls Kopf vielleicht doch andere Interessen wach werden würden. „Kann sein, dasser die Nase voll kriegt, wenner die ganze Familie kennen lernt", spekulierte Vadder.

So wurden also gar nicht erhebliche Gegenargumente laut, als Karl vorschlug, die Verlobung unter dem Weihnachtsbaum zu feiern.

„Dascha denn ein Abwaschen!" meinte Karl. „Zu Weihnachten wird sowieso Geld ausgegeben und da kostet denn die Verlobung nich so viel extra."

„Die kost't doch *uns* nix!" meinte Vadder.

„Doch!" erklärte Karl. „Wätzkes sind doch man so beschränkt mit'm Raum, und da hab ich eben gesagt, wir könnten bei uns feiern. So am ersten Festtag!"

„Weißt du, Kaal, daß du mit diese leichtsinnige Einladung mein ganzes Weihnachtsprogramm übern Haufen geworfen hast?" sagte Mudder vorwurfsvoll.

„Och, Mudder, das is doch ganz egal. Das läßt sich doch alles einrichten. Und wenn es was mehr kostet, geben wir dja was zu!"

„Das kommt denn dja nun mal ganich in Frage!" entschied Vadder. „Das wär dja noch schöner, wenn wir uns von unsern Kinner ihre Verlobung vorstrecken lassen! Das is es dja nich, Kaal! Es is dja die Arbeit, die Mudder davon hat! Darum hannelt es sich. Es hannelt sich nich um die Groschen."

Und es war wirklich eine Heidenarbeit! Wochen vor Weihnachten schon hatte Mudder begonnen, Plätzchen zu backen und zu hamstern. In Einmachgläsern und Büchsen stapelten sich die Backwaren hinter den gläsernen Schiebefenstern der Anrichte, und im Hause roch es immer wie in einer Konditorei.

Zwei Tage vor Heiligabend war die Wohnung völlig auf den Kopf gestellt. Christine hatte sich Urlaub genommen, und nun wuchteten die beiden Frauen durch die Räume, schoben Schränke beiseite und polierten die Fensterbretter und Scheiben. In der Küche war Hochbetrieb.

Mudder war gereizt. „Was is das aber auch fürn Umstand! Und dann noch die ganzen fremden Leute inner Wohnung!"

Die Verlobung diente ja gleichzeitig dazu, daß sich die beiden Familien kennenlernten, und Mudder wollte ja nun mit ihrem Haus keinen schlechten Eindruck machen.

Am Heiligabend schien alles getan zu sein. Er verlief wie jedes Jahr, und die ganze Familie saß abends im Wohnzimmer unter dem Baum, aß von den vielen Plätzchen und Süßigkeiten, las und hörte Radio. Außerdem war Frauke aus dem Pensionat zurückgekommen, und die Vierzehnjährige war so etwas der Mittelpunkt des Familieninteresses.

Man ging nicht zu spät schlafen, denn der nächste Tag sollte ja die Hauptanstrengungen bringen.

Um halb elf Uhr, am ersten Feiertag, fand Mudder in der Küche kaum Platz zwischen wilden Haufen von Geschirr und Nahrungsmitteln. Christine und sie standen um den Küchentisch herum, auf dem eine Riesengans, von Vadder extra besorgt, ihren leeren Bauch zur Füllung darbot.

„Hätten wir man noch früher angefangen!" jammerte Mudder. „Es geht dja wieder alles aufe letzte Minute!"

Christine beruhigte sie: „Das geht schon klar, Mudder! So pünktlich sind die Wätzkes bestimmt nich!"

Vadder und Karl sassen mit Frauke und Willi im Wohnzimmer und probierten den Sherry aus. Karl hatte gesagt, es sei das einzige Getränk, was man zu einer Verlobung anbieten könne. Trotzdem hatte Vadder noch ein paar andere Flaschen in Reserve. Das „süße Zeugs" genügte ihm nicht.

Es war ein wirklich friedliches Bild unterm Weihnachtsbaum. Die Wintersonne schien warm ins Zimmer, und Frauke und Willi saßen auf dem Teppich und spielten mit einer Eisenbahn, die schnurrend auf blanken Schienen lief.

Plötzlich aber wurde der Friede gestört. Aus der Küche ertönte ein Schrei von Mudder, und alle vier fuhren hoch.

Gleich darauf öffnete sich die Tür, und Christine rannte ins Zimmer. Suchend glitt ihr Blick über die verschiedenen Kuchenteller.

Vadder und Karl setzten die Gläser wieder auf den Tisch. „Was is denn los?" fragte Vadder. „Was schreit ihr denn bloß so?"

„Mudder hat die Äpfel bei Krämer Ellermann liegen gelassen! Jetzt hab'n wir keine füre Füllung!"

Karl holte tief Luft. „Mönsch! Was soll das denn! Wir haben schon gedacht, da is was passiert! Da braucht ihr doch nich so zu schreien!"

Christine verteidigte Mudder: „Du hascha keine Ahnung! Schließlich will sich Mudder dja nich blamieren, wenn deine zukünftigen Schwiegereltern kommen, nich? Und ne Gans ohne Äpfel in'nen Bauch is dja wohl keine richtige Weihnachtsgans!"

„Ich weiß ganich, was ihr euch da so über aufregt! Äpfel sind doch genug da aufe Tellers! Kannst meine alle haben. Ich eß sowieso keine!"

Christine ging von Teller zu Teller. „Auf den klugen Gedanken sind wir inzwischen auch schon gekommen!" sagte sie spitz und verschwand mit einem ganzen Arm voll rotbackiger Äpfel, um sie Mudder für die Füllung zu bringen.

„Nich schälen!" sagte Mudder, als Christine ein Messer zückte. „Die Äpfel in die Gans müssen ungeschält rein! Das gibt denn das richtige Aroma!"

In dem geräumigen Bauch verschwanden ein halbes Dutzend der rotbackigen Äpfel, geschickt von Mudder mit Rosinen vermengt. Die Gans wurde zugenäht und in den Ofen geschoben.

„So, das wär denn!" sagte Mudder. „Hoffentlich sind die nich zu pünktlich!"

„Ach was!" wiederholte Christine. „Die kommen bestimmt nich aufe Minute."

Christine kannte die Familie Wätzke auch nur vom Ansehen. Aber sie hatte recht. Um dieselbe Zeit, als bei Meierdierks die Gans in den Ofen geschoben wurde, rief Giselas Mutter laut nach ihrem Mann: „Max! Wo steckst du denn nur!! Komm doch nun endlich und zieh dich an! Wir kommen ja viel zu spät!"

Herr Max Wätzke aber saß zu der Zeit im Labor und reinigte seine Schuhe mit dem neuen „Wätzkoblank"-Schuhputz. Es war eine ausgezeichnete Entwicklung von Peter Wätzke, dem ehemaligen Chemiker. Große grüne Plakate lagen für die Werbung schon bereit: „Niemals werden Schuhe krank – putzt du sie mit ‚Wätzkoblank'!" Onkel Max fand diesen Werbetext besonders originell, vor allem war er unterstützt durch ein paar jämmerlich kranke Schuhe, die gerade mit Wätzkoblank behandelt wurden. Der Zeichner hatte ihnen Gesichter aufgemalt. Und die Gesichter strahlten.

Wie gesagt, Max Wätzke saß im Labor und rieb seine Schuhe ein, als ihn der Ruf seiner Angetrauten erreichte.

„Wat is denn los, Olja!" rief er zurück.

„Du sollst dich endlich fertich machen!" rief seine Frau. „Ich habe keine Lust, deinetwegen wieder zu spät zu kommen!"

„Imma mitta Ruhe!“ entgegnete Max. Er sagte es aber mehr zu sich selbst und hütete sich wohl davor, daß Olga es hörte.

Laut rief er nach vorn: „Ick komm ja schon!“

„Herrgott! Was is denn nur mit dem Kleid los!“ zeterte Olga inzwischen vor dem Spiegel, während Gisela bemüht war, es hinten zuzuknöpfen.

„Das Kleid is ganz in Ordnung, Mutter. Du wirst eben zu dick!“

Olga seufzte entrüstet.

Die Tür ging auf, und Onkel Peter kam herein. Das heißt, man mußte es raten, weil von ihm nur die getreiften Cuthosen zu sehen waren. Auf den Armen trug er mehrere, übergroße Blumensträuße in Papier gehüllt, so daß von ihm zunächst nichts in Erscheinung trat.

„Hier sind de Blümchen!“ sagte er und warf die Sträuße auf Olgas Bett. „Seid ihr noch nich fertich, Kinder? Et wird aber Zeit!“

Statt einer Antwort befahl ihm Olga, sofort Max auf Trab zu bringen. „Was denken denn die Leute, wenn wir so spät kommen! Ist die Taxe bestellt?"

„Ja!" sagte Peter. „Steht schon draußen vor der Tür und jede Minute kostet Jeld!"

So also kam Familie Wätzke allmählich auf den Weg.

Inzwischen hatten sich bei Meierdierks Onkel Jan und Tante Gesine eingefunden. Letztere aus angeborener Pünktlichkeit und „um zu helfen", Jan aber deshalb, weil der erste Weihnachtsfeiertag für einen Junggesellen etwas sehr Anstrengendes ist, da er mit der vielen Zeit kaum etwas anfangen kann.

Gesine wurde von Mudder und Christine sehr geschickt daran gehindert, in die Küche zu kommen und „zu helfen". Sie nahm zwischen Vadder und Jan Platz und probierte ebenfalls den Sherry, den ihr Karl eingoß. Ein eingewickeltes Paket hatte sie draußen auf der Garderobe abgelegt.

„Gratulieren tut man dja erst, wenn beide Partner da sind!" meinte sie.

Vadder guckte mehrfach auf seine Uhr, deren Zeiger immer näher auf die Stunde rückte, zu der die neuen Verwandten sich angesagt hatten.

Endlich läutete es.

Die Klingel alarmierte das ganze Haus.

Vadder stellte die Flaschen – es waren inzwischen zwei geworden – vom Tisch und schüttelte die „Filetdecke" aus. Karl leerte die Aschenbecher und trieb die Kinder aus dem Zimmer.

Mudder band sich die Schürze zweimal ab und wieder um, weil Christine mehrfach sagte, sie wolle die Tür aufmachen, aber dann doch nicht dazu kam.

„Laßt man, ich mach schon auf!" sagte Karl diplomatisch und rannte die Treppen hinunter.

Ein Durcheinander von freudig erregten Stimmen war zu vernehmen. Das Geräusch schwoll an. Es kam die Treppe herauf, brodelte eine Weile in der Garderobe vor dem Spiegel und quoll dann in das geöffnete Weihnachtszimmer.

Ein allgemeines, sehr erfreutes „Aaaah!" beendete den Stimmenwirrwarr, und es begann im Wohnzimmer eine etwas gedämpfte Unterhaltung. Mudder versuchte, ab und zu etwas davon durch die Türe abzubekommen, aber die Vorbereitungen für das Essen hinderten sie an längeren Exkursionen auf dem Flur.

„Geh doch man rein!“ sagte Christine. „Ich mach das schon hier weiter. Du mußt dich dja auch mal sehn lassen. Wie sieht das sonst aus!“

Mudder sah das ein, band sich die Schürze ab und ging, nachdem sie Christine noch einige Anweisungen zum Begießen der Gans und für verschiedene andere Sachen gegeben hatte, in das Weihnachtszimmer, in dem man um den großen Tisch saß. Alle erhoben sich von den Sitzen, und Vadder sagte in die eintretende Stille: „Dja – und das is also – dja – hehe – das is Grethe. Meine bessere Hälfte!“

Olga lächelte überaus liebenswürdig: „Das hatte ich mir doch gedacht!“ Dann machte sie die scherzhafte Bemerkung: „Tja – so lernt man sich denn manchmal kennen im Leben!“ Alles lachte aus vollem Hals über diesen wunderbaren Humor. Man stellte sich gegenseitig vor. Es war ein sich laut steigerndes "Angenehm!“ – „Sehr erfreut!“ – „Schon viel von Ihnen gehört!“ – „Das is aber nett!“ und „Das hätte doch wirklich nich nötig getan!“

Der weitere Verlauf der Feier war eigentlich ganz so, wie es sich gehörte.

Durch eine Reihe von Sherries, die man „genehmigte“, bekamen die Angehörigen der beiden Familien allmählich rote Bakken, und der Lärm der Stimmen drang bis in die Küche.

Ein paarmal klingelte es an der Haustür. Entweder wurde ein Blumenstrauß oder ein Paket abgegeben. Dreimal kam auch der Telegraphenbote mit dem Motorrad. Christine erledigte das alles wunderbar. Im Weihnachtszimmer konnte sich währenddessen ungestört unter vielen Reden, viel Gelächter und Rührung die offizielle Verlobung vollziehen. Der Sherry hatte sogar erreicht, daß man „du“ zueinander sagte.

„Ich seh dat janit ein!“ rief Peter mit erhobenem Glas. „Jetzt werden wir miteinander verwandt und da müssen wir auch ‚du‘ zuenander sagen!“

Tante Gesine verzog bei diesen Worten zwar etwas ihr Gesicht, vor allem, weil Peter diesen rheinischen Dialekt sprach, den sie nicht sehr schätzte. Aber als sich dann alles die Hände geschüttelt und teilweise sogar umarmt hatte und als dann noch Peter zu ihr kam und sie in ein langes Gespräch über den Gebrauch und die Zusammensetzung von Kräutertees verwickelte, sagte sie, entgegen all ihren sonstigen Gewohnheiten, dann doch „du“ und „mein lieber Peter!“

Die Kinder sagten einige Gedichte auf. Karl verlas laut die Glückwünsche und Telegramme, und alles nahm einen wahrlich vollkommenen Verlauf.

Bis dann Tante Gesine ostentativ ihre Nase in die Luft reckte. Sie schnüffelte ein paar Male herum, wobei sie leicht hüstelte. Vadder, der sich zunächst über dieses Verhalten wunderte, merkte aber auch bald den Grund. Irgend jemand von der neuen Verwandtschaft hatte ein penetrant riechendes Parfüm. Der ganze schöne Tannenduft des Weihnachtszimmers wurde von diesem Gemisch von Maiglöckchen und Flieder übertönt.

Natürlich sagte niemand etwas darüber. Nur Olga äußerte beim Anblick eines großen Straußes auf dem Tisch: „Wie wunderbar doch die Blumen schon in dieser Jahreszeit duften!“

Mudder sah nach der Standuhr und erhob sich, um den Tisch zu decken.

„Bleibt, bitte, alle sitzen!“ sagte sie. „Ich will nur rasch die Sachen wegräumen, daß gedeckt werden kann.“

Gisela war sehr eifrig bei der Hand. Sie räumte die Aschenbecher weg, gab Mudder die Gläser und half ihr auch die Tischdecke über den Tisch breiten und die Teller aus der Anrichte holen.

Auf eine Anregung von Peter halfen alle mit, die Teller auf dem Tisch zu verteilen. Jan wurde von Mudder weit von Gesine weggesetzt. Neben Gesine setzte sich Onkel Peter. Im Nu war der Tisch gedeckt. Gisela nahm mit Karl auf den beiden geschmückten Stühlen Platz, und Mudder öffnete die Tür, um Christine zuzurufen, daß sie das Essen bringen sollte.

Christine kam, wurde von allen begrüßt und stellte die Suppe auf den Tisch. Im Vorbeigehen hörte sie, wie Karl ihr zuzischte: „Mönsch, du stinkst ja wie'n ganzer Frisörladen!“ Ohne es zu beachten, setzte sie sich neben Vadder. Es dauerte keine Minute, daß dieser etwas nervös auf seinem Stuhl hin und herrückte und dann in eine mit Lachen verbrämte Bemerkung ausbrach: „Christine! 'n büschen Parföng is dja ganz gut, aber das, was du da hast, ischa 'n büschen zu viel."

Trotz ihrer achtzehn Jahre, oder vielleicht auch wegen ihrer achtzehn Jahre, bekam Christine einen dunkelroten Kopf. „Ich hab doch gakein Parföng! Ich bin das bestimmt nich, Vadder!"

„Aber ich rieche es doch, Kind!" lachte Vadder und legte seinen Löffel hin. Die Suppe war gegessen.

„Nun laß sie man!" beruhigte Mudder. „Sie hat den ganzen Morgen gearbeitet. Denn hat man auch das Bedürfnis sich ein büschen hübsch zu machen, nich? So – und nu bring man mal die Gans rein. Ich hoffe, dasse gut is!" Das Letzte sagte Mudder in Richtung auf Olga.

Olga lächelte geschmeichelt und meinte: „Die Suppe war delikat! Aber nun noch eine richtige Weihnachtsgans! Das ist wirklich ein richtiges Friedensessen, liebe Frau Meier –, liebe Grethe!"

„Ja!" wiederholte Max. „'N richtiget Friedensessen!"

Christine ging und holte die Gans.

Goldgelb gebraten lag sie auf dem großen, ovalen Teller mit dem Goldrand. Er stammte noch vom Hochzeits-Service der Eltern.

Sie wurde vor Mudder aufgestellt, und alle Augen waren auf die fettig glänzende Schwellung des Bratens gerichtet.

„Donner! 's dat aber en Tier!" sagte Peter.

Mudder lächelte und bemerkte, während sie ein Messer schärfte: „Hoffentlich isse so geraten, wie ich es mir gedacht hab!"

Dann schnitt sie den Braten an. In dem Augenblick, in dem das Messer die gelbkrosse Haut durchfuhr, gab es einen kleinen Zischlaut. Aus dem Schnitt stieg ein gelblicher Dampf, der sich in großer Schnelligkeit über den ganzen Tisch verbreitete. Und gleichzeitig füllte er den Raum mit dem schon mehrfach erwähnten Duft nach Blüten, aber jetzt in einer solchen Stärke, daß Vadder einen Hustenanfall bekam.

Mudder stieß einen Schrei aus: „Seife!" rief sie.

Und nachdem Vadder sich von seinem würgenden Husten erholt hatte, konstatierte auch er: „Tatsächlich! Dascha Seife!"

„Ja – wie – wie kommt denn die in die Füllung!" rätselte Mudder in ihrer Verzweiflung. „Hast du vielleicht vorhin beie Äpfel noch'n Stück Seife vonne Teller genommen füre Füllung?"

Entrüstet verneinte Christine: „Och, Mudder, ich hab doch man von djeden Teler ein'n Apfel weggenommen. Ich weiß doch noch, wie Seife aussieht!"

In diesem Augenblick wurde Jan sehr unruhig. Er rückte zweimal mit seinem Stuhl und fragte dann, als ihn alles ansah: „Sag mal, Christine, haste da – haste auch einen Apfel von *deinen* Teller für die Füllung genommen?"

„Dja", meinte Christine. „Natürlich. Von meinen Teller hab ich überhaupt alle weggenommen dafür. Wir hatten doch –"

Weiter kam sie nicht, denn Jan machte ein so entsetztes Gesicht und kratzte sich hinter dem Kopf, daß wieder alle Augen auf ihn gerichtet waren.

„Mensch, Christine!" sagte er. „Der eine Apfel, den ich dir geschenkt hab, war doch was Besonneres!"

„Was denn!?" fragte Vadder ärgerlich.

Jan kratzte sich hinter dem Ohr: „Es war dja aus FF-Prima-Toletten-Seife!"

Die Verlobung ging nicht auseinander. Mudder ließ schnell vom Krämer ein paar Würstchen holen. Hintenherum, weil Feiertag war.

8. Kapitel

Christines Abenteuer

Wenn Christine mit ihrem selbstgeschneiderten Rock so durch das Büro ging, dann guckten alle Angestellten des Büros von Rechtsanwalt Dr. Jäger zu ihr hin. Selbst der alte Bürovorsteher, Herr Gergs, hinter seinem Glaskasten, lächelte dann. So hübsch sah sie aus.

Es war Frühling und Sonnabend, und die Mittagssonne schien durch die Fenster. Und Christine legte noch schnell eine Akte auf das Regal, um dann nach ihrem Mantel zu greifen und „Auf Wiedersehen!“ zu rufen.

„Auf Wiedersehn, Frollein Meierdierks!“ rief das ganze Büro und sah hinter ihr her. „Vergnügtes Wochenende!“ rief der Lehrling. Dann war sie draußen.

Das Büro lag in der Nähe vom Wall, der bereits in den schönsten grünen Farben prangte. Die Bäume und Sträucher hatten schon große saftige Blätter, und vor „Hillmann“ und oben bei der Mühle blühten schon bunte Blumen.

Christine kreuzte die Birkenstraße, um auf die Ecke bei Bruch zuzustreben. Da stand jemand. Es war Alfred, der auf sie wartete.

Sie kannte Alfred schon, als sie noch acht Jahre alt war. Damals ging sie mit ihm zusammen zur Schule. Während des Krieges waren sie zusammen verschickt gewesen. Und später hatten sie sich des öfteren gesehen und getroffen, so daß man unter ihren Freunden sagte: „Christine geht mit Alfred.“ Niemand störte das, weil es immer so gewesen war. Nur, wenn Vadder den Namen „Alfred“ hörte, kräuselte sich seine Stirn. Er nannte ihn „Schneitjefiddel“, und Christine war darauf bedacht, zu Hause nicht zu erwähnen, daß sie sich mit ihm traf.

Alfred stand also an der Ecke bei Bruchs Restaurant und sah Christine kommen. Obwohl er eine Brille trug, hatte er die Angewohnheit zu blinzeln. Und jetzt blinzelte er zu ihr her.

„Christine!“ sagte er, als sie zu ihm trat.

Christine machte ein leicht nervöses Gesicht. „Du – ich hab's sehr eilig!"

„Das merk ich!" meinte Alfred und versuchte mit ihr Schritt zu halten, wie sie in Richtung Bahnhof weiterging. „Wo willst du denn bloß so schnell hin?"

Christine war leicht gereizt: „Nach Hause, damit du es weißt!"

Alfred trottete neben ihr her. „Und was is mit heute abend?"

„Kann ich nich!" sagte Christine kurz. „Hab ich dir doch schon neulich gesagt. Ich kann am Wochenende nich mehr so oft."

„Ich möchte bloß wissen, warum?"

„Ziemlich neugierig bist du! ‚Warum'? Weil ich dja auch mal was anderes tun will, als – als –"

„Als was?"

Christine mäßigte etwas ihr Tempo. „Sag mal", fuhr sie Alfred an, „wie oft soll ich dir eigentlich noch sagen, daß ich nich kann!"

Das war selbst für Alfred zuviel. Er bekam einen etwas roten Kopf und sagte: „Wenn du mich gerne loswerden willst, Christine, dann mußt du mir das sagen. Dann sage ich einfach ‚Punktum, basta!', und die Sache is erledigt!"

Christine ging ohne zu antworten schneller weiter.

„Du könntest mir wenigstens antworten!" meinte Alfred neben ihr. Da sie es nicht tat, fuhr er fort: „Ich will dir mal was sagen. Du weißt ganz genau, wie ich über dich und mich denke. Und ich hatte auch im Anfang das Gefühl, daß wir gut zueinander passen würden. Wenn ich so dran denke, an unsere Radtouren nach Syke und nach Bassum. An den ersten Abend, da am Waldrand . . ."

Christine seufzte verärgert. „Na und?"

„Nichts ‚und'! Ich will dir nur damit sagen, daß das nich einfach son Abenteuer für mich war!"

Christine machte Anstalten den Fahrdamm zu überqueren. „Du, Alfred, nimm's mir nich übel, aber ich muß jetzt schnell nach Hause! Du kannst mich ja am Montag abholen!"

„Am Montag?" stotterte Alfred. „Du kannst also nich heute und auch nich morgen?"

Christine zeigte nun wirklich, daß sie an der Grenze der Geduld war: „Nein, Alfred! Es geht nich!"

Alfred blieb stehen und sagte nur noch: „In Ordnung!"

Dann machte er auf dem Absatz kehrt.

„Blöder Kerl!" sagte Christine halblaut vor sich hin und stieg in die Elektrische.

„Kommst du jetzt schon?" fragte Mudder, als Christine ihren Mantel aufhängte.

„Ja, wir wollen heute abend ins Kino!"

Mudder sah von der Nähmaschine auf: „Immerzu ins Kino! So viele Filme gibt es dja ganich!"

„Ich möchte heute abend das Blaue anziehen. Geht das?"

„Das Blaue? Ins Kino?"

„Ja! Weil wir doch hinterher noch ins Trocadero wollen!"

„Wer?"

„Och – alle!"

„Geht der Alfred mit?"

„Weiß ich nich!"

„Sag mal, Christine, habt ihr euch gezankt? Oder was is? Weil er doch sonst immer da mit bei is!"

Christine bekam wieder den verärgerten Ausdruck von vorhin. „Nee, warum?"

Mudder knüllte das Stück Stoff zusammen, an dem sie nähte. „Ich will dir mal was sagen, Christine: Der Alfred is 'n netter Djunge! Un wenn der mal sein Auskommen hat, denn is das ein ganz feiner Kerl. Da is Verlaß drauf! Das is ein Mann, den man sogar heiraten kann!"

„Tu mir den einzigen Gefallen, Mudder, und red nich so! Das is doch Quatsch. Ich brauch doch noch nich ans Heiraten zu denken, wenn ich mal mit einen geh. Außerdem is das doch mit Alfred was ganz anneres. Das is doch mehr Kameradschaft."

„Ihr immer mit eure Kameradschaft! Das is doch nix!"

„Das is wohl was! Wir denken uns doch ganix dabei, wenn man mal zusammen wegfährt!"

„Aber die annern!" sagte Mudder. „Von mir aus zieh das Blaue an. Und amüsier dich gut!"

Christine schlüpfte in das Blaue. Sie rannte zwischen der

Küche, ihrer Stube und dem Badezimmer immer hin und her, und ab und an rief sie Mudder etwas zu, wie „Ich bin doch kein Kind mehr“ oder „Es is doch wirklich nix dabei!“

„Geh bloß los, eh Vadder kommt!“ meinte Mudder. Das beschleunigte Christines Toilette, und fünf Minuten später stand sie auf der Straße.

Es war schon spät für die Nachmittagsvorstellung, die um halb fünf beginnen sollte. Als sie vor dem Kino ankam, war der Eingang schon leer von den Leuten, die sich dort verabredet hatten. Der Film hatte schon angefangen.

Vor dem Kino bummelte ein Herr auf und ab. Er hatte einen grauen Regenmantel über dem Arm hängen und einen etwas zu leuchtend braunen Anzug an. Er trug einen ebenfalls sehr farbigen Schlips und hatte sein dunkles Haar mit irgendeinem Öl in Wellen gelegt, so daß es aussah wie gelackt.

Als er Christine kommen sah, ging er schnell auf sie zu:

„Hallo, kleine Frau?“ sagte er und machte eine sehr feine Verbeugung.

„Oh, sind Sie schon da?“ heuchelte Christine.

„Aber selbstverständlich! Pünktlichkeit ist die Höflichkeit der Kavaliere. Karten habe ich schon besorgt. Aber es war so dumm heute: Mein alter Herr hatte alle Wagen in Beschlag, ich mußte zu Fuß laufen!“

„Ach, das macht dja nix!“ meinte Christine.

„Das sagen Sie so!“ lachte der Herr. „Aber wir wollen mal reingehen, sonst sehen wir vom Film überhaupt nichts mehr.“ Dabei nahm er sie beim Arm, als müsse er sie stützen. In der linken Hand hielt er die Karten. „Wollen Sie denn auch wohl etwas knabbern?“ fragte er.

„Wie bitte?“ fragte Christine.

„Ich frage, ob Sie was zu knabbern haben möchten, kleine Frau. Ein paar Kognakbohnen oder Schokolade oder sowas?“

„Ich eß im Kino am liebsten Kluten!“ sagte Christine.

„Kluten?“

„Ja, gern!“

„Frollein! Bitte giben Sie mir ein paar von den – wie heißen die Dinger? – Kluten?“

Das Fräulein am Schokoladenstand gab ihm eine Schachtel.

„Hier, kleine Frau, was für Sie!"

Dann zeigte er die Karten vor, und beide gingen in den bereits dunklen Raum, in dem die Reklame lief.

„Können Sie sehen?" fragte er, als sie sich gesetzt hatten. „Sonst setzen Sie sich doch mehr hier rüber. Lehnen Sie sich ruhig hier an!"

„Oh, danke schön!" sagte Christine. „Ich kann hier ganz gut sehen!"

Da fing der Film an.

Inzwischen war Vadder nach Hause gekommen und hörte, daß Christine im Kino war. Es entspann sich eine lange Unterhaltung über die Frage, ob es überhaupt noch ein Familienleben geben könne in unserer Zeit, in der die Jugend ohne Unterlaß ins Kino laufe.

„Nu laß doch die djungen Leute 'n büschen zusammen, Heini. Wir haben das dja auch nich anners gemacht damals. Und die djungen Leute von heute, die sind dja sowieso nicht mehr so romantisch, die leben viel mehr in Kameradschaft!"

Vadder schlug sich mit der Hand vor die Stirn. „Da hab ich auf gewartet! Wenn ich das Wort schon höre, wird mir schlecht. Das is doch ausgemachter Quatsch, Grethe!"

„Das sag nich! Ich glaub djedenfalls bestimmt da an im Fall Alfred: Das is ein ehrenwerter Mensch. Und der wird es auch noch zu was bringen!"

„Dja doch, Grethe!" sagte Vadder gequält. „Und trotzdem."

„Heini, ich will dir mal was sagen: Ich glaub, wir Eltern kümmern uns viel zu viel um die Kinder, glaub ich. Dasse nich untere Räder kommen. Da auf kannst du dja noch so sehr passen, und wenn es so sein soll, denn, wenn Christine aus'n Geschäft kommt, denn isses schon passiert!"

Vadder brauchte einen Augenblick, um das zu begreifen. „Was is denn passiert?" fragte er drohend.

„Na – so – denn hat se sich mir nichts, dir nichts, in den falschen Mann verliebt. Irgendeinen Hergelaufenen, Verrückten is se denn inne Arme gelaufen. Und da kannst *du* nix an ännern und *ich* auch nicht!"

„So – das wollen wir denn doch mal sehen, obwer da nix an ännern können! Vorläufig is Christine djedenfalls noch nich mündig!"

„Och, Heini, denn warten se eben noch 'n paar Jahr und heiraten denn doch. Da bist *du* doch machtlos!"

Die Wellen gingen hoch im Hause Meierdierks, während Christine mit dem Herrn im Kino saß.

Als das Publikum nach draußen strömte, führte sie der Herr wieder am Arm ins Freie.

„Überwältigend war's ja nich!" meinte er.

„Ich fand's ganz nett!" sagte Christine.

Dann gingen sie die Straße hinunter, und der Herr machte Vorschläge für den weiteren Verlauf des Abends.

„Ich möchte gerne jetzt mit Ihnen irgendwo hinfahren!" schlug er vor. „Aber wohin! Wenn man keinen Wagen hat! – Ich freue mich direkt auf morgen!"

Christine entsann sich, daß er vorhin schon einmal eine solche Bemerkung gemacht hatte und sagte: „Ja, was haben Sie denn immer mit morgen?"

„Morgen fahren wir beide doch zusammen ein bißchen ins Blaue!" lachte der Herr und blitzte sie mit schönen Zähnen an. „Das haben Sie mir doch versprochen!"

„Aber nur, wenn es heute abend nich zu spät wird, habe ich gesagt!"

„Natürlich, kleine Frau! Von mir aus können wir auch jetzt schon nach Hause gehen!"

„Beinah wär mir das schon lieber!" meinte Christine. „Dann kann ich auch morgen früher aufstehen!"

„Wie Sie meinen!" resignierte der Herr. „Ich wollte Ihnen nur noch etwas sagen, kleine Frau: Ich habe mir nämlich für morgen eine kleine Überraschung für Sie ausgedacht!"

„Sooo?" fragte Christine gedehnt. „Was denn?"

„Das wird nicht verraten. Sonst ist es ja keine Überraschung mehr!"

„Sie haben recht! Dann will ich es auch ganich vorher wissen!"

Der Herr lächelte. Er hatte das gar nicht erwartet. Dann tat er, als habe er es überhört und sagte: „Dreimal dürfen Sie raten.“

„Ich laß mich lieber überraschen!“

„Ach, stellen Sie sich nicht zuviel darunter vor. Ich hatte nur so eine verrückte Idee.“

„Was is es denn?“

„Tja – eigentlich ist es albern. Als ich Sie neulich im Wagen vom Alten Herrn nach Hause fuhr, da fiel mir plötzlich ein, daß – kurz – ich habe etwas gekauft.“

„Tja, ich weiß nich . . .“ Christine wußte wirklich nicht.

Der Herr machte eine kleine Pause, dann sagte er mit einem kleinen Juchzer in der Stimme: „Einen Wagen!“

„Ein Auto?“

„Ja! – Und auf einer ganz kleinen silbernen Tafel wird am Montag ein Name eingraviert, auf den wir beide den Wagen taufen. Und die Tafel kommt vorne an den Kühler!“

„Was denn für'n Name?“

Der Herr drückte ihren Arm. „Raten Sie mal! ‚Christine‘ soll der Wagen heißen!“

„Auf meinen Namen?“

„Ja!“

„Ich bin sprachlos!“

„Es freut mich ja, Ihnen eine kleine Freude machen zu können!“

„Na, klein is die dja nich gerade! Ein ganz neuer Wagen!“

„Nein, ganz neu ist er nicht! Aber fast neu! Sie werden ja sehen! Ich glaube, er wird Ihnen gefallen!“

„Aber, bitte, holen Sie mich nicht in meiner Straße ab!“

Der Herr lachte: „Aber keinesfalls, kleine Frau! Was würden denn auch wohl die Nachbarn sagen, nicht wahr?“

„Dja!“ sagte Christine.

„Wann und wo werden wir uns denn treffen?“

„Von mir aus um acht!“

„Gut! Wo?“

„Am Roland!“

„Um acht am Roland? Nein, besser unten beim Schütting. Da kann man halten!“

„Dja."

Der Herr drückte wieder ihren Arm. „Christine! Sie glauben gar nicht, wie sehr ich mich freue, morgen mit Ihnen zusammen zu sein! Sie können sich das vielleicht nicht vorstellen, aber für mich ist das etwas ganz Wunderbares!"

„Ach!" sagte Christine. Sie wußte wieder nicht, was sie darauf sagen sollte. „Aber ich muß djetzt denn wirklich nach Haus!"

„Nicht noch ein Viertelstündchen ins ‚Trocadero'?"

„Nein, auch keine zehn Minuten mehr! Ich fahr denn djetzt Auf Wiedersehn!"

Die Bahn kam. Der Herr rief hinter Christine her: „Auf Wiedersehn, kleine Frau!"

Die Bahn fuhr ab und brachte Christine nach Haus.

Als die Domuhr am nächsten Morgen acht Uhr schlug, stand Christine vor dem Eingang des Schütting. Die Sonne schien ihr gerade ins Gesicht, und es versprach ein sehr schöner Tag zu werden.

Um die Ecke beim Ratscafé schwebte beim letzten Glockenschlag ein blauer Wagen. Langsam kam er näher und hielt dann mit leicht wippendem Ruck vor Christine.

„Guten Morgen, kleine Frau! Ausgeschlafen?" sagte der Herr am Steuer.

Die Tür flog auf, und eine Hand lud zum Einsteigen ein.

„Entschuldigen Sie bitte, daß ich nicht aussteige, aber ich möchte hier nicht zu lange halten!"

„Das macht nix!" sagte Christine und kletterte hinein. Auch von innen war der Wagen himmelblau gepolstert, und als er sich wieder in Bewegung setzte, hatte man das Gefühl, leise vom Boden emporzufliegen.

„Gefällt er Ihnen!?" fragte der Herr.

Christine saß wortlos auf dem weichen Polster und ließ die Straßen draußen vorübergleiten. Vom Motor war fast nichts zu hören, und überall hatte der Wagen so große Scheiben, als sei er in der Hauptsache aus Spiegelglas gebaut.

„Wohin wollen wir denn?" erkundigte sich der Herr.

„Och – is mir gleich. Das is mir egal!" sagte Christine.

So bogen sie in die Martinistraße ein, fuhren über die

Schlachte ein Stück an der Weser entlang und kamen dann schließlich am Brill wieder auf die Hauptstraße.

„Wie wärs denn mit einem kleinen Ausflug an die See? Nach Bremerhaven oder so?"

Christine lächelte selig. Ihr gefiel dieses Fahren so gut, daß es ihr schon ganz gleich war, wohin es ging. So brausten sie durch Walle, Gröpelingen, Oslebshausen und Burg.

„So", sagte der Herr, „jetzt werd ich mal'n bißchen aufdrehen!" Und er trat auf den Gashebel, daß der Wagen wie ein Pfeil davonschnellte.

„Ach bitte, geht es nicht, daß wir wieder so schön langsam fahren, wie eben, so als ob man schwebt?" fragte Christine.

„Aber natürlich doch, kleine Frau!" Der Wagen schwebte, wie vorher.

„Warum sagen Sie eigentlich immer ‚Kleine Frau' zu mir?" fragte Christine.

Der Herr fuhr jetzt einhändig. Sein rechter Arm lag auf der Lehne von Christines Sitz.

„Ach –"

„Ich bin doch noch gar nicht verheiratet!"

„Das ist es ja, was ich meine. Sie sind so – so – ich möchte beinahe sagen – naiv. Und auf der andern Seite denke ich immer, ich habe eine reife, kluge Frau vor mir!"

Christine lachte. „Na, na!"
Der Herr nahm wieder beide Hände ans Steuer. „Wirklich! So ist es!"
„Was machen Sie so eigentlich im Beruf?"
„Ich? – Och – das ist verschieden! Sehen Sie: Mein alter Herr hat die Fabrik, und wenn ich dann mal später den Saftladen sowieso übernehme, was soll ich da jetzt noch in fremden Berufen rumarbeiten. Ich bin ja in der Fabrik meines Vaters!"
„So!"
„Ja!"
„Sagen Sie mal, der Wagen hat doch sehr viel gekostet!"
„Vier-fünf! Kleine Fr – Christine!"
„Viertausendfünfhundert Mark? Das is dja sehr viel Geld!"
Der Herr lachte: „Meinen Sie?" Dann fing er an zu singen:

„Was tut man nicht alles,
Was tut man nicht alles
Für eine schöne Frau!"

Der Wagen schwebte dabei über die lange Straße, und Christine sah auf die weiten Wiesen da draußen und dachte an tausend Dinge.
Währenddessen platzte zu Hause eine Bombe.
Vadder war von der Parzelle gekommen und kam ins Wohnzimmer, ohne sich die Füße abzutreten.
„Och, Heini, nu kuck mal, was du für nen Dreck machst!"
„Entschuldige, Grethe, aber ich hab in Augenblick annere Sachen innen Kopf, als den Dreck annen Füßen. Das ischa nich zu blasen!"
Mudder riß erstaunt die Augen auf: „Was is denn los?"
„Was los is? Das will ich dir eben sagen. Stell dir vor: Komm ich da eben die Straße längs, da geht auffen Trittoah doch son Pärchen. Was meinste wohl, wer das war?"
„Kaal und Gisela!"
„Ne!"
„Egon!"
„Ne!"
„Dja, denn weiß ich es nich!"

Vadder holte einmal tief Luft: „Dein Alfred mit einer Braut!"

„Alfred?"

„Dja, was ich dir sage! Kuckt mich frech an und sagt: ‚Tach, Herr Meierdierks!' Also weißt du, Grethe, das schlägt doch dem Faß die Krone ins Gesicht. Das is ja nich – Du hättest mal diese aufgeputzte Henne sehen sollen, wie sie da anner Seite von Alfred langstolzierte!"

„Was denn? Is das alles?"

„Also, Grethe, jetzt hört es aber bei mir auf! Heute die und morgen die! Unsere Tochter is ja schließlich kein Handtuch, wo sich jeder die Hände drin abtrocknen kann!"

„Heinerich!"

„Dja, is doch wahr! Und du kuckst mich an mit'n Gesicht, als ob du gerade mündig geworden bist. Aber ich will dir was sagen, Grethe, wenn Christine heute abend um neun Uhr nich zu Hause is, denn gibt's 'nen Segen! Da kannst dich auf verlassen!"

Als es neun Uhr abends war, saß Christine im himmelblauen Wagen auf einer Wiese bei Weddewarden. Den ganzen Tag war sie mit dem Herrn in Bremerhaven auf- und abkutschiert. Am Kolumbuskai hatten sie gegessen und dabei auf einen großen Dampfer gesehen, der Auswanderer nach Canada nahm. In den Tiergrotten waren sie gewesen, und Christine hatte sogar noch Tante Elfriede in der Langestraße in Lehe „Guten Tag" sagen können. Und da sie schon mal so weit waren, fuhren sie weiter hinaus bis zum Ochsenturm. Da parkte der Herr seinen Wagen und legte sich zu Christine in die Sonne an den Strand. Dann hatten sie in einem Restaurant zu Abend gegessen und waren wieder zum Deich beim Ochsenturm zurückgefahren, um dort den Sonnenuntergang zu erleben.

Nun war die Sonne schon hinter dem Horizont verschwunden. Und irgendwoher wehte der Wind die neun Glockenschläge durch den späten Abend.

Christine hörte erschreckt die Glocke und zählte die Schläge. „Haben Sie gehört? Neun Uhr!"

„So?" sagte der Herr.

„Ich glaube, wir müssen djetzt auch fahren!"

„Aber, Christine! Jetzt doch noch nicht! Der Abend ist so schön!"

„Außerdem – der Südwein steigt mir mächtig zu Kopf!"

Der Herr lachte schallend. „Aber Mädel! Sie haben doch erst das zweite Glas!"

„Das genügt mir reichlich!" sagte Christine.

Ganz väterlich klang die Stimme des Herrn, als er sagte: „Nananana, die Flasche müssen wir aber noch austrinken! Wir müssen doch den Wagen noch taufen. Auf Ihren Namen! Hören Sie? Ich – ich möchte Ihnen gerne etwas sagen!"

„Bitte!"

„Wir – wir wollen doch ‚Du' zueinander sagen, nicht?"

„Wenn Sie durchaus wollen? Ich weiß nicht recht . . ."

„Also – auf das ‚Du', Christine!" Er verschränkte den Arm mit Christine und fügte hinzu: „Aber ‚Ex' trinken!"

„Das schaffe ich dja nich!" meinte Christine.

„Na – probieren!"

Beide setzten die Gläser an und tranken. Der Herr war sehr schnell fertig. Er hatte das Glas ganz ausgetrunken. Doch Christine schaffte es nur bis zur Hälfte.

„So!" sagte der Herr und legte den rechten Arm um Christines Schulter. „Jetzt bekomme ich ja noch etwas!"

In diesem Augenblick gab es durch eine ungeschickte Bewegung einen Ruck im Wagen. Etwas klirrte leise, und dann hörte man, wie sich der Inhalt der Südweinflasche irgendwohin ergoß.

„Verdammte Schweinerei!" fluchte plötzlich der Herr. „Jetzt ist mir alles – Pfui Teufel, nein! – Entschuldigen Sie bitte! Ich muß mal Licht machen!"

Der Herr knipste an einem kleinen Knöpfchen und man sah, was passiert war. Die Südweinflasche war vom Fensterbrett des Wagens, auf dem sie lose aufgestellt war, heruntergefallen und hatte die hellgraue Flanellhose des Herrn mit dunkelbraunen Flecken versehen. Bis zu denKnien sah er aus wie braungefärbt.

„Oh! Ihre schöne, graue Hose!" Christine konnte kaum ernst bleiben, als sie das sagte.

„Ach, ich bin ganz – der Südwein, der klebt ja so ekelhaft!"

„Und die Flecken!" meinte Christine. „Haben Sie denn kein Taschentuch?"

„Doch!" schimpfte der Herr und holte mit klebrigen Händen ein kleines braunes Etwas hervor. „Das is ja aber schon ganz durchnäßt! Aber warten Sie! Ich steige eben mal aus. Ich habe hinten im Kofferraum noch etwas Putzwolle liegen!"

Er öffnete die Wagentür und verschwand im Dunkeln, um sich am Kofferraum zu schaffen zu machen. Gerade in dem Augenblick, als Christine meinte „Vielleicht is hier was im Handschuhkasten?"

Da keine Antwort von ihm erfolgte – er war zu sehr mit seiner nassen Hose beschäftigt – sah Christine in den Handschuhkasten. Ein Zettel fiel heraus. Ohne es zu wollen, las sie die Überschrift: „Mietvertrag. Ich erkläre hiermit, daß ich nachstehenden Kraftwagen zu unten- und umstehenden Bedingungen gemietet und Kzfz.-Schein, Steuerkarte, sowie das dazugehörige Werkzeug in betriebsfertigem und verkehrssicherem Zustand übernommen habe."

Christine holte tief Atem. Dann überflog sie schnell das Übrige: „Mietvertrag mit Herrn Rudolf Platinsky, Beruf: Handelsreisender, Wohnort: Frankfurt, Kleine Hinterstraße 18, à conto DM 75.– erhalten."

Der Herr von draußen meldete sich mit angewiderter Stimme: „Es geht ja nicht raus aus dem Stoff!" Blitzschnell warf Christine den Mietvertrag in den Handschuhkasten. Als der Herr wieder einstieg, bedauerte sie ihn: „Ja, das tut mir aber leid! Die schöne graue Hose! Was machen wir denn nun?"

Der Herr legte wieder seinen Arm um Christines Schulter. „Sie kleben ja!" sagte sie. „Ich mache Ihnen einen Vorschlag: Sie fahren jetzt so schnell wie möglich nach Bremen zurück und ziehen sich erst mal was anderes an. Und bei mir zu Hause halten Sie erst vorher an!"

Der Herr machte ein ärgerliches Gesicht.

Aber Christine sagte geheimnisvoll und ganz zart zu ihm: „Da soll es geschehen!"

Er wurde ganz aufmerksam „Was denn?"

„Da will ich Ihnen zeigen, daß ich vielleicht doch nich son kleines Kind bin und so naiv , wie Sie vorhin sagten!“

„Wie meinen Sie das?“

„Wie ich es sage! Wissen Sie, es ist hier draußen so ungemütlich! Aber – ich sehe schon – Sie werden mich sicher nicht mehr lieben, wenn ich Ihnen ein Geständnis mache!“

Der Herr wurde ganz nervös: „Tun Sie's doch, Christine!“

„Jetzt nicht!“ sagte sie. „Erst bei mir!“

„Tja – und – was sagen Ihre Eltern?“

„Die? – Die merken nichts! Die schlafen schon!“

Der Herr schaltete die Scheinwerfer an und drehte auf dem Gras um, daß die Halme nur so flogen. Als es zehn Uhr schlug, bog er in Christines Straße ein und hielt ihrem Haus gegenüber.

„Nichtmal eine Stunde sind wir gefahren!“ protzte er. „Soll ich hier halten, vor Ihrem Haus?“

„Warum nich?“ fragte Christine und hatte schon die Klinke der Wagentür in der Hand.

Er beugte sich vor, um zum Haus hinüberzusehen. „Sagen Sie – schlafen Ihre Eltern wirklich schon? Da brennt doch noch Licht!“

„Das brennt immer! Das is im Flur! Einen Augenblick, bitte!“ Christine machte die Tür auf und stieg aus. „Sie brauchen nicht auszusteigen!“ sagte sie.

„Wieso nicht? Ich denke –“

„Nein, nein! Erstens wegen Ihrer Hose und denn – brauchen Sie sich nicht erst hinzusetzen, wenn ich Ihnen mein Geständnis mache!“

Der Herr brummte: „Wie soll ich das verstehen!“

„Ganz deutlich: Wenn Sie das nächste Mal ein Auto mieten, um einem Mädchen zu imponieren, dann suchen Sie sich ein noch kindlicheres Gemüt aus, als mich!“

Er versuchte es noch einmal: „Christine! – Aber nun lassen Sie sich doch erklären!“

Christine aber warf die Wagentür zu und lief auf die andere Straßenseite. Hinter ihr heulte der Motor auf und im Vorbeifahren brüllte der Herr aus dem Fenster: „Dämliche Ziege!“ Dann war er um die Ecke verschwunden.

Als sie zum Gartentor ging, schrak sie zusammen.

Aus der dunklen Ecke hinter dem Zaun löste sich ein Schatten und kam auf sie zu.

„Alfred!" sagte sie, als sie ihn erkannte. „Was machst du hier denn noch?"

„Ich? Och, das hat dja alles keinen Zweck mehr, nich!"

„Doch, doch, Alfred!"

„Wer war denn der ‚Geschäftsfreund' da eben?"

„Alfred!"

„Is nur gut, daß der dich eben ‚dämliche Ziege' genannt hat, sonst ... Is dja auch egal!"

„Is nich egal!" sagte Christine.

„Doch!"

„Alfred! Für mich war das kein schöner Tag heute!"

„Für mich auch nicht. Ich hab zu viel Ärger gehabt mit meiner Kusine aus München. Die waren zu Besuch, und ich sollte ihr den Hafen zeigen! Gräsig!"

„Du – Alfred! Ich muß dir noch was geben! Komm mal her!"

„Was denn?" sagte Alfred und trat näher.

„Einen Kuß!" meinte Christine. Sie gab ihm einen Kuß und rannte auf das Haus zu.

Alfred blieb im Dunkel zurück.

„Mensch!" sagte er. „Mensch!"

Dann wartete er noch, bis die Haustür zugemacht wurde.

Auf der Treppe flüsterte Mudder: „Christine?"

„Ja, ich bin's!"

„Ich wollt nur wissen, ob du zurück bist! Vadder is auf hundertundachzig!"

„Ich geh sofort ins Bett! Nacht, Mudder!"

„Nacht, Kind!"

Zwei Türen schlossen sich leise. Dann tapste Mudder durch das Schlafzimmer. „Heinerich!"

Vadder drehte sich in den Kissen. „Was is denn?"

„Ich wollt nur sagen: Christine is in Bett!"

Vadder fuhr halb hoch: „Was?"

„Schscht!" flüsterte Mudder. „Wie ich dir gesagt habe: Sie

war mit der Firma unterwegs. Also was soll die ganze Schimpferei!“

Vadder drehte sich wieder zur Seite. „Nadja, denn schlaf man gut, Grethe!“

„Du auch!"

„Hast du den Wecker gestellt?"

„Dja. Um sechs!"

Nach einer Pause drehte sich Vadder noch einmal zu Mudder um: „Du, Grethe, ich finde, es ist bestimmt beruhigend, wenn man so genau weiß, was die Kinner treiben! Deshalb war ich heute dja so nervös! Verstehst du? Also nochmals: Nix für ungut, Grethe! Und gute Nacht!"

Statt einer Antwort hörte er nur die ruhigen Atemzüge von Mudder. Sie war schon eingeschlafen.

9. Kapitel

Die Schulden

Willi ging auf den Küchenschrank zu und nahm sein Portemonnaie heraus. Dann zählte er Geld.

„Verdammt nochmal ..."

„Du solls nich immerzu fluchen, Bengel!" sagte Mudder.

„Wer hat mir wieder eine Mark und fümfunsechzig rausgenommen?"

Mudder schüttelte den Kopf. „Red nich son Unsinn, Willi. Hier inner Küche stiehlt dir niemand Geld aus'n Potmonneh!"

„Hab ich dja ganich gesagt!"

„Du hast doch eben grade gesagt, die hätte dir wer aus dein Potmonneh genommen!"

„Dja, aber nich geklaut! Das is Kaal wohl wieder gewesen. Der gibt mir immer Schuldscheine, und dann verdien ich damit zwanzich Fennich!"

„Er gibt dir Schuldscheine? Zeig mal her!"

Mudder ging auf Willi zu, nahm ihm das Geld aus der Hand und fing, trotz seines Protestes, an zu zählen. Sie zählte auch die verschiedenen kleinen Zettel, die zusammengefaltet darinlagen.

„Schuldschein über eine Mark. Eine Mark und zwanzig Pfennige Zinsen am nächsten Ersten zurückzuzahlen verpflichtet sich hiermit: Karl Meierdierks."

„Also djetzt schlägt es aber dreizehn!"

Willi angelte mit dem Arm nach dem Geld. „Gib das Potmonneh wieder!"

„‚Bitte' heißt das! Und im übrigen laß dir ein für alle Male sagen, daß du Kaal keinen Groschen mehr leihst! Hörst du? Auf keinen Fall machst du sone Geschäfte!"

„Warum denn nich?"

„Weil ich das nich will!"

Karl kam nach Hause. Er sagte „Nabend!" und warf seine Aktentasche irgendwo auf einen Stuhl.

Nach mehrmaliger Aufforderung verschwand Willi und ging

auf die Straße. Sofort begann Mudder, dieses Thema anzuschneiden: „Was is das denn nu, Kaal. Wie kannst du den Willi nur um Geld angehen! Wie soll der Junge denn mal das Sparen lernen!"

„Sparen nich, aber verdienen! Er verdient dja djedes Mal zwanzich Fennich, wenn ich mir von ihm was leihe!"

„Aber Kaal! Das is doch kein Verdienen! Das is eine Erziehung zum Wucher, is das!"

„Das schad ganix, wenn er sich mal 'n büschen dran gewöhnt, was Geldverdienen is und was Zinsen sind."

Mudder parierte: „An das Kriegen von Zinsen braucht man sich nich zu gewöhnen. Was im Leben schwer fällt, is, sie zu bezahlen, mein lieber Karrel! Und dann laß dir sagen, daß ich das Ganze nich mehr weiter so sehen möchte. Das hört auf!"

Karl machte bei solch verfahrenen Situationen immer eine bestimmte Geste: er warf den Kopf leicht zurück, machte den Mund auf, zog die Augenbrauen nach oben und schüttelte dann langsam und bedächtig seinen Kopf. „Nu hör doch da endlich mit auf! Ich weiß dja nu Bescheid!"

„Dascha gut. Und daß Vadder da nix von gewahr wird, hörst du?"

„Von mir nich!" sagte Karl und nahm die Zeitung, um zu lesen.

Als eine Viertelstunde später Tante Gesine und Onkel Jan kamen, war es reiner Zufall, daß diese auch vom Gelde sprachen. Und Karl benutzte die Gelegenheit, Jan als Schiedsrichter in seiner Sache aufzurufen, solange Vadder nicht da war. Jan fand das mit den Zinsen ganz natürlich.

„Solange du den Djungen das Vertrauen nich nimmst, solange kannst du auch was borgen von ihm. Natürlich darfst du ihn nich beschnacken dazu!"

„Wer hat da denn von geredet!"

„Nadja, ich sag dja auch nur. Mir persönlich wär das ganz egal, ob einer spart oder nich . Es is im Leben dja immer so, daß der Eine was vom Geld hat und der andere nix!" sagte Jan.

Aber Tante Gesine war anderer Ansicht: „Ich weiß nur so

viel, daß, wenn mein seliger Mann nich djeden Nagel gerade geklopft hätte, daß ich heute da säße ohne einen Fennich!"

„Von sowas is noch kein Mensch reich geworden!"

„Von was denn sonst vielleicht?"

„Merk dir das man, Gesine: Man wird nich reich vonnen Geld, was man verdient, sondern vonnen Geld, was man nich ausgibt!"

„Dann müßteste dja steinreich sein, Djohann!"

„Unsinn! Ich wollt dja ganich reich werden. Aber *du* wolltes es dja und hast es auch nich geschafft!"

„Aber immerhin hab ich dja wenigstens einen gewissen finanziellen Rückhalt!"

„Das hast du damals dja schon gesagt, und dann hast du alles inner Inflatschion verloren. Stimmt es?"

„Das – das war höhere Gewalt!"

Unten ging die Haustür.

„Vadder!" sagte Karl.

Und Mudder bat: „Laßt bloß djetzt das Streiten. Und vor allen: Redet nich von Geld. Das kann Heini ganz und ganich verknusen!"

Vadder kam frohgelaunt ins Zimmer, rieb sich die Hände und fragte: „Na, wenn habt ihr denn eben wieder vorgehabt?"

„Vorgehabt?" fragte Jan zurück. „Wir haben gerade darüber gesprochen, daß Gesine son furchbaren Durst hat, das liegt wohl an . . ."

„Ich brauche dazu wohl nicht zu sagen, daß das nicht den Tatsachen entspricht!" sagte Gesine sehr betont.

„Nee!" meinte Vadder. „Aber ich hab auch son Durst. Ich geh noch mal runter und hol ein paar Flaschen Bier."

„Prima!" rief Karl. „Bring mir eine mit!"

„Geld, mein Sohn!"

„Geld? Ich dachte, mein Vadder würd mich wohl heute mal einladen!"

„Ausnahmsweise!" sagte Vadder. „Wo sind die alten Flaschen?"

Mudder gab sie ihm, und er ging wieder hinunter, um bei Krämer Ellermann ein paar Flaschen Bier zu holen. Ellermanns hatten einen blitzblanken Laden. Da er weit und breit das einzige

Geschäft war, wurden dort auch neben Zahnpasta und Schnürsenkeln Zigaretten und Bier verkauft. Als Vadder den Laden betrat, war es da brechend voll.

Frau Ellermann, eine hübsche Enddreißigerin, sah Vadder seine leeren Flaschen durch die Wartenden balancieren. Sie rief ihn beiseite: „Herr Meierdierks! Kommen Sie hier eben rum!“ Vadder ging am Tresen vorbei und stellte die Flaschen einzeln auf den Boden.

„Soll ich mal eben sechs Flaschen Exportbier haben?“

„Sechs Flaschen Bier! Sofort, Herr Meierdierks!“

Frau Ellermann stellte die bunten Flaschen in einer Reihe auf. „Drei Mark und sechzig macht es dann!“

„Drei Mark und – jetzt habe ich doch kein kleines Geld bei mir. Können Sie wechseln?“ sagte Vadder und wühlte in den Taschen. Es kam kein kleines Geld zum Vorschein. So reichte er ihr einen Fünfzigmarkschein hin.

„Fuffzich? Aber ja! Das mach ich schon eben mit klein.“ Über einen Lehrling, der in gebückter Haltung Reis aus der Schublade in eine Tüte füllte, schwenkte sie den Geldschein: „Egon! Gib mal eben fümfzich klein!“

Dann zog sie unvermittelt ein großes Buch unter dem Tresen hervor und sagte: „Ehe ich es vergesse, Herr Meierdierks, – da war noch'n kleiner Rest. Darf ich den wohl mit abziehen?“

Vadder beugte sich über das Buch. „Was fürn Rest?“

„Och, nur ne Kleinigkeit. Von neulich. Ihre Frau hatte gerade noch eingeholt und kein Geld bei sich. Moment – ich weiß ganich, wieviel es eigentlich war. Augenblick ...“

Vadder blickte sie ungläubig an: „Meine Frau?“ fragte er. „Frau Ellermann – ich möchte – na, lassense man. Nein, nein, lassense man. Wieviel is es denn?“

„Kleinen Augenblick! Hier! Müller, Meesecke, Mertz, Meier, Meier, Meierdierks – Meierdierks Christine, nein – hier is es schon: Zweiundzwanzig Mark und siebzig!“

Vadder fragte: „Wie bitte?“

Frau Ellermann beharrte auf „Zweiundzwanzig Mark und siebzig.“

„Nein, nein – das will ich nich wissen. Sie lasen da gerade den

Namen meiner Tochter. Hat die etwa auch noch was stehen bei Ihnen?"

„Och, dascha nich so wichtig. Die läuft mir dja nich weg, Herr Meierdierks. Die Christine, die bezahlt immer pünktlich an djeden Ersten!"

„Ziehen Sie bitte alles ab, Frau Ellermann!" sagte Vadder.

„Dann streich ich das gleich mal. Vielen Dank auch! So!"

Vadder nahm die Flaschen und ging.

„Aaaah, da is er ja!" rief alles, als er in die Küche kam. Jeder griff nach einer Flasche und setzte sie nach umständlichem Entkorken an den Mund. So fiel es fast gar nicht auf, daß Vadder kein Bier trank. Nur Mudder fragte nach einer Weile: „Hast du was, Heini? Du siehst so komisch aus. Und – trinkst du denn nix?"

„Nee, ich mag nich mehr!" sagte Vadder.

„Komisch!" stellte Jan fest. „Erst reißt du dich um 'nen Schluck Bier, und jetzt sitzt du vorer Flasche wie 'n Säugling vorn Kanten Brot!"

Vadder sagte nichts darauf. Aber er saß so da, daß jeder spürte: Da ist irgendwas im Busch. So kam es, daß alle der Reihe nach die Küche verließen. Zuerst Karl und Christine. Der Abgang war sehr plötzlich. Karl wollte zum Klub und Christine ins übliche Kino. Dann standen Jan und Gesine auf und sagten: „Dja, ich glaub, wir müssen djetzt ziehen!" Wenn Tante Gesine „ziehen" statt „weggehen" sagte, dann mußte man das bei ihr als den Ausdruck höchster Burschikosität nehmen.

Als die beiden dann auch draußen waren, sah Mudder zu Vadder hinüber: „Nun hast du es glücklich fertig gebracht, die Leute zu vergraulen. Wenn du schlechte Laune hast, denn bring se nicht auch noch mit nach Haus. So ein albernes Gesicht zu machen!"

„Hab ich auch lang keinen Grund mehr zu gehabt!"

„So?" wollte Mudder wissen, „da war wohl wieder ein Grund, was?"

„Allerdings!"

„Warum sagst du es denn nich frei heraus? Oder mußt du vor deine Schwester und meinen Bruder was geheimhalten?"

Vadder machte eine Pause, ehe er das gewichtige Wort aussprach: „Es hannelt sich um Geld, Grethe!"

„Och, Gott, Heini, nu mach aber 'n Punkt!"

„Ich möchte nich, daß meine Tochter und meine ..."

Eifrig fiel ihm Mudder in die Rede: „Das is doch längst erledigt. Ich hab mit Christine und Kaal heute gesprochen und gesagt, daß son Ausschreiben von Schuldscheine ein für alle Male unterbleibt!"

Vadder drehte sich auf seinem Stuhl zu Mudder herum.

„Sag mal, Grethe, ich hör immer ‚Schuldscheine'! Eine Frage mal – Ruhe! Djetzt laß mich mal reden! – Kommst du mit dein Haushaltsgeld aus oder nich!?"

„Heini, es is doch ..."

„Es is dja nich zu fassen! Ich kann es einfach nich begreifen! Schuldscheine!! Ich habe keine Worte mehr. Hab ich dir nich am letzten Ersten noch fümfzich Mark extra gegeben?"

Vadder redete so laut, daß ihm der Kopf rot anschwoll. Immer, wenn Mudder was sagen wollte und den Mund aufmachte, kam ein neues Gewitter über sie her.

Endlich konnte sie einhaken, als er sich gerade an einem Wort verschluckte. „Das war doch die Lichtrechnung von voriges Mal, Heini!"

„Aha, von voriges Mal! Die mußte noch bezahlt werden, dja? Und was war das mitte Schuldscheine? Wen sind die ausgestellt worden?"

Vadder sah schon neue Hiobsbotschaften aus Mudders Mund kommen. Sie aber sagte nur kurz: „Willi!"

„Was soll das!!"

Mudder war schon beinahe so weit, daß sie die Arme in die Seite stemmte. „Karl und Christine haben sich ausser Sparbüchse von Willi Geld geliehen und da einen Schuldschein über ausgeschrieben."

„Mir bleibt – Kaal!!!" schrie Vadder so laut, daß Mudder zusammenfuhr.

„Nu schrei doch nich so!"

„Ich schreie ganich!" schrie er. „Aber ich will dir mal was anneres sagen, meine liebe Grethe. Ich komme da vorhin zu Ellermanns und will das Bier abholen, da fragt mich doch Frau Ellermann in Gegenwart von allen Menschen in'n Laden, ob ich deine Schulden nich bezahlen will. Dja, meine liebe Grethe, ich habe einen dunkelroten Kopf bekommen vor Scham. Das bin ich nich gewohnt, und das habe ich auch nich verdient."

Einen Augenblick dachte Mudder, das sei nun alles. Aber Vadder hatte noch mehr auszupacken: „Man verdient und verdient und zu Hause wird das Geld mit vollen Händen zu den Fenstern hinausgeworfen! Andere Leute machen in einem solchen Falle einfach kurzen Prozeß! Da kommt 'ne Anzeige in die Zeitung: ‚Komme für die Schulden meiner Frau nich auf.' Punktum, basta. Aber das Schlimme is dja, daß das in annern Haushalten einfach nich vorkommt! Das kann dja auch nur in einen Haushalt passieren, in den keine Ordnung herrscht!"

Vadder stierte vor sich hin. Er war erschöpft von dem Stimmaufwand. Und weil ihm einfach seine Stimme nicht laut genug gewesen war, um seinen Ärger wegzuschreien, hatte er den Schlußsatz noch hinzugefügt.

Er hörte, wie Mudder aus dem Zimmer ging. Und sagte dann laut vor sich hin: „Es is dja auch wahr!"

Da Mudder nicht wieder erschien, ging er ins Schlafzimmer. Mudder stand am Schrank und hatte die Wäsche herausgenommen. Zwischen den Wäschehaufen lagen Münzen und Geldscheine gezählt auf kleinen Häufchen.

„Was is denn nu – Grethe! Was rennst du denn einfach zur Tür raus!" sagte Vadder schon etwas ruhiger. „Davon kommt das dja, weil du nie richtig zuhörst, was ich sage!"

Mudder stand am Schrank und legte einen Wäschehaufen auf den andern.

„Was soll das denn nun!" fragte Vadder mit betontem Ärger. Mudder legte den Wäschepack wieder auf die alte Stelle. Vadder legte die Hand auf ihren Arm, weil sie nicht antwortete. Da drehte sich Mudder herum und legte den Kopf an Vadders Schulter: „Es is doch alles so teuer, Heini! Bei Ellermanns hab ich doch nur den Rest noch stehen von Djanuar. Das hab ich doch sowieso diesen Monat glatt. Und außerdem hab ich nachgezählt, daß ich das dja auch hier von mein Geheimgeld bezahlen kann, wenn es dir so unangenehm is!"

Vadder stand steif wie ein Stock vor ihr. „Was is denn, Grethe, nu hör doch auf zu weinen! Was soll das denn! Grethe, ich hab das doch nich so gemeint vorhin. Ich bin so nervös, weißt du. Da kommt das von!"

„Du mußt aber auch nich sowas sagen!" schluchzte Grethe.

Vadder stand ratlos mit ihr im Arm am offenen Wäscheschrank. „Komm, laß uns das man vergessen, Grethe, is dja gut. Laß doch man sein djetzt. Komm wir trinken noch wo'n Glas Bier, oder wollen wir ins Kino?"

„Nein!" sagte Grethe und auf einmal fand sie das alles sehr komisch, wie sie da so vor dem Wäscheschrank standen und lachte mit ein paar dicken Tränen.

„Einklich und an und für sich muß ich noch heute abend mal bei Onkel Peter vorbei. Wir können doch dann da runter und noch einen kleinen Spaziergang machen!"

„Geh du man, Heini!"

„Grethe, nu tu mir doch den einzigen Gefallen und – ich mag jetzt nich so allein losgehen. Kuck mal, was sollen wir uns ärgern. Man lebt doch nur einmal. – Dja, Grethe? Komm doch mit!"

„Muß das sein?"

„Dja, das muß!"

„Heini, manchmal bist du richtig mall. Aber ich tröste mich immer mit: Annere Männer sind genau so!"

„Nu komm, Grethe, zieh dir den Mantel an!"

„Ich muß aber noch die Kinner ..."

„Dja, denn mach zu!"

Mudder ging, um die Kinder zu versorgen.

Und so kamen Vadder und Mudder zu ihrem Abendspaziergang. Es war so friedlich und schön da draußen, daß sie immer weiter liefen bis zur Ochtumbrücke und dann den Kattenescherweg entlang, ein Stück oben auf dem Deich. Zwischen den hohen, alten Bäumen lagen die Häuser in grünen Rasenflächen wie in weichen Kissen. Vögel zwitscherten. Und ein Ackerwagen polterte fern auf irgendeiner Straße, Vadder und Mudder fühlten, daß sie diese Dinge ja so lange nicht mehr erlebt hatten und kamen viel später bei Wätzkes an, als sie gewollt hatten.

Es war schon dämmerig, als sie durch den Vorgarten auf die Baracke zugingen, in der zugleich die Wohnung und das Labor untergebracht waren. Sie gingen die paar Steinstufen zur Haustür hinauf. Die stand offen.

So traten beide, ohne zu klingeln, in den dunklen Flur. Gerade wollten sie zur Tür des Wohnzimmers, als von dort her Olgas Stimme laut und deutlich zu vernehmen war:

„Ich will dir mal was sagen, lieber Max, für sowas habe ich einfach keine Worte. Mir fehlt einfach das Verständnis für sone Auffassung!"

„Aber Olja, nur hör doch mal, wat ick ..." beschwor Max, ohne überhaupt zu Wort zu kommen, denn Olga fuhr ohne Unterbrechung fort: „Da rackert man sich ab und spart Pfennig auf Pfennig, mit dem Erfolg, daß das Geld von dir mit vollen Händen aus dem Fenster geworfen wird. Ruhe! Jetzt laß mich ausreden!"

Vadder stieß Mudder an: „Kennst du das?"

Mudder lachte leise und stand wie ein neugieriger Backfisch auf den Zehen, um Olgas Predigt auch richtig mitzubekommen.

„Am besten gibt man eine Anzeige auf in der Zeitung: ‚Komme für die Schulden meines Mannes Max nicht auf!' "

Hier mischte sich jetzt Onkel Peter ein: „Nu hörtemal zu, Kinder, so jeht dat ja nich! Dat hat ja keinen Zweck so!"

„Det sarick ja die janze Zeit!" klagte Max.

„Nu kommt erst mal hier aus der Küch' eraus!" sagte Peter und war im nächsten Augenblick mit den beiden feindlichen Ehepartnern auf den Flur getreten. Vadder und Mudder standen etwas hilflos da.

„Oh! Heini und Grethe! Das is aber mal nett!" sagte Olga. „Wer hat euch denn aufgemacht?"

„War offen!" sagte Heini.

„Wir hatten ne jeschäftliche Untaredung!" erklärte Max.

„Dat werden die beiden schon jehört haben!" meinte Peter. „Ja, dat kommt ja bei euch kaum vor, sowat!" fügte er hinzu.

„Aber ihr müßt ja bedenken, wir sind ja en reiner Jeschäftshaushalt!"

„Nich doch, nich doch, Peter!" sagte Vadder verlegen.

Und Peter klopfte Grethe freundlich auf die Schulter und meinte: „Nee, Jrethe, sei du bloß froh, dat ihr damit nix zu tun habt! Et jibt sone schöne Spruch. Der heißt: ‚Jeld macht nich jlücklich, aber et beruhicht!' – Ich will euch mal wat sagen: Dat stimmt nich! Dat beruhicht janich! Im Jejenteil! Dat regt einen manchmal furchbar auf!"

10. Kapitel

Der Blinddarm

„Dja, Herr Dokter! Djawohl, das wäre sehr fein, Herr Dokter! Vielen Dank auch in Voraus, Herr Dokter! Bis nachher, dja! Auf Wiedersehn, Herr Dokter!“

Vadder hängte den Hörer ein und trat aus der Telephonzelle nach draußen, wo Karl wartete.

„Also, Kaal, Dokter Weißquell hat gesagt, dasser sofort kommt. Nu geh du man eben inne Apotheke und hol'n büschen Natron!“

„Natron?“ fragte Karl.

„Dja doch! Natron. Un en paar Magentropfen! Hörst du? Hier haste 'n Daler, Djunge, und beeil dich 'n büschen.“

„Das versteh ich nu absolut nich, Vadder. Was soll das denn mit 'm Natron und 'n Tropfen!? Du weischa doch noch ganich, was der Dokter haben will!“

Vadder wurde leicht ungeduldig. „Wenn ich dir das sage, Kaal, denn geh man und frag nich lange.“ Und er setzte hinzu: „Is doch nur vonwegen der Hausapotheke. Da is doch überhaupt nix drin für sowas. Und das sieht so klöterich aus, wenn Dokter Weißquell kommt!“

Karl verstand. „Na, denn gib den Daler schnell her. Ich komm denn gleich nach Haus!“

Vadder rannte die Straße zurück, während Karl sich auf sein Fahrrad schwang und in Richtung der Apotheke davonkurvte. Vadder war so in Eile, daß er den Gruß zweier Freunde auf der Straße übersah. Er hastete die Treppe hinauf ins Schlafzimmer, wo Mudder auf ihn wartete.

„Also, Grethe, Doktor Weißquell wird djeden Moment kommen. Ich hab 'n eben angerufen!“

Mudder richtete sich im Bett hoch: „Aber Heini!!“ meinte sie vorwurfsvoll. „Doch man hier nich einfach so rein! Räum mal den Tisch ab. Und meine Sachen tu da von'n Stuhl in'n Schrank!“

Während Heini ein Bündel aus den herumliegenden Sachen

von Mudder zusammenknüllte und in den Schrank warf, erklärte er: „Grethe, nu sei man ganz ruhig! Dascha alles halb so wichtig. Son Arzt muß doch an'n Tag in zwanzig Häuser rein, und was meinste wohl, was der da alles so zu sehen kriegt!"

„Dascha egal! Ich will das aber nich. Ich bin'n büschen penibel. Gib mir mal Spiegel und Kamm. Wie seh ich denn bloß aus!"

Vadder hörte im Aufräumen auf: „'n Spiegel und 'n Kamm! Dascha wohl das Wichtigste, was man braucht, wenn man zu Bett liegt und krank is."

Es klingelte. „Kuck doch mal eben nach ..." wollte Vadder sagen. Aber beschwörend hob er seine Hand gegen Mudder: „Djetzt bleib still in Bett, Grethe! Man weischa noch nich, was es is. Ich mach schon auf und ..."

Dann stolperte er die Treppe hinunter. Es traf sich so ungeschickt, daß Karl ausgerechnet mit Doktor Weißquell zur selben Zeit anlangte. Während sich Vadder und Doktor Weißquell begrüßten, gelang es Karl jedoch noch, schnell zu Mudder ins Schlafzimmer zu schlupfen.

„Mudder! Hier, schnell die Tropfen und das Natron! Ich hab auch noch'n paar Tabletten dazu gekauft!" Karl packte alles auf den Nachttisch.

„Och, Djunge, das tut doch nu aber nich nötig!"

„Weiß ich dja, Mudder! Is doch auch nur wegen 'n Dokter!"

Schon war er wieder zur Tür hinaus, die sich jedoch gleich wieder auftat für Herrn Doktor Weißquell.

„Na? Was haben wir denn nu schon wieder angestellt?" sagte er. Er sprach immer wie ein Vater zu seinen Kindern, wenn er einen Patienten besuchte.

Mudder bekam einen roten Kopf. „Och, Herr Doktor, ich weiß nich so richtig. Ich fühl mich nicht so auf'n Damm. Schon seit 'n paar Wochen. Ich hab hier so Schmerzen!"

Vadder beugte sich zu Doktor Weißquell und flüsterte: „Wenn Sie mich brauchen, Herr Dokter – ich bin inner Küche!"

Als Vadder in die Küche kam, trocknete Karl mit Frauke und Willi das Geschirr ab. Auch Vadder griff stumm zum Geschirrtuch und ließ einen Teller nach dem andern hindurchrotieren. Als Willi eine Tasse fallen ließ und dem erschreckten Vadder die

Scherben um die Beine flogen, wollte er schimpfen. Aber da ging die Tür auf und Doktor Weißquell kam aus dem Krankenzimmer.

„Oh, Herr Dokter!" Vadder rückte einen Stuhl zurecht und wischte schnell mit dem Geschirrtuch einmal drüber.

„Danke schön!" sagte Doktor Weißquell. „Also, Herr Meierdierks, es ist nichts Ernstliches. Aber ich schlage doch vor, daß wir Ihre liebe Frau gleich ins Krankenhaus nehmen. Dann hat sie's heute abend schon hinter sich."

Vadder schlug das Geschirrtuch über seine Schulter und faßte die Stuhllehne an: „Was denn?"

„Na, wir wollen sie doch wohl erleichtern um ihren bösen, kleinen Blinddarm!"

„Was denn – o . . . op . . . opperieren?"

„Na, Herr Meierdierks, Sie machen ja ein Gesicht, als ob Sie selber jetzt auf die Schlachtbank müßten. – Eine Blinddarmoperation is doch heutzutage wirklich nichts, wovor man erschrecken muß. Die Hauptsache ist, er kommt so schnell wie möglich raus!"

Vadder hielt die Lehne weiter fest: „Dja, ich versteh nich, soll sie denn sofort – so einfach djetzt gleich ins Krankenhaus?"

„Tja, bei sowas darf man nicht warten. Aber packen Sie man die Sachen Ihrer Frau zusammen. Den Krankenwagen bestell ich schon, da brauchen Sie sich nicht drum zu kümmern. Alles andere mach ich schon!"

„Dja, Herr Dokter, – ich bring Sie eben noch raus!" sagte Vadder und ließ die Lehne los. Aber Doktor Weißquell wehrte ab: „Nee, nee, ich finde schon alleine raus. Wiedersehn, Herr Meierdierks!"

Die Tür klappte. Man hörte den Doktor die Treppe hinuntersteigen. Und dann sagte Willi: „Kann man das sehen, wenn Mudder operiert wird?"

Vadder antwortete nicht einmal.

„Kaal, paß auf die Kinder!" sagte er. Dann ging er ins Schlafzimmer und suchte Mudders Sachen zusammen.

„Also, Grethe, was machst du denn auch für Sachen! Jetzt hast du'n Blinddarm!"

„Ischa nich so schlimm, Heini. Dokter Weißquell meint, wer vier Kinner hat, für den is en Blinddarm so viel wie Zahnziehen!"

„Wo kannste dir das bloß geholt haben! Ich kann dascha ganich begreifen. So plötzlich kriegst du'n Blinddarm. Wo sind denn bloß die Sachen, Grethe? Du wirst denn dja wohl gleich abgeholt!"

„Ich brauch dja nich viel. Zwei Nachthemden und das Waschzeug!"

„Hausschuhe mußt du haben!"

„Oh, richtig, das hätt ich bald vergessen! Sag mal, Heini, was soll ich einklich mit'n Soda hier?"

Sie hob vom Nachttisch eine Dose hoch und hielt sie ihm entgegen.

„Was denn?" sagte Vadder und stierte die Dose an. „Das wollt ich dja haben für den Abwasch!" Es war ihm nicht klar, daß er sie auf den Nachttisch gestellt hatte.

Mudder stöhnte: „Ach, du meine Güte, dja das steht dja nu alles noch inner Küche unnere Füße rum."

Aber Vadder nahm ihr die Dose aus der Hand und beruhigte sie: „Laß man, Grethe, das mach ich alles nachher mit Christine!"

„Na, die wird schöne Augen machen, wenn die nachher nach Hause kommt. Den Spiegel und die Bürste vergiß nich, Heini. Und mein Strickzeug da kannst du mir auch noch mit in'n Koffer tun. So den ganzen Tag in Bett liegen, ohne was umme Hand zu haben, dascha nix für mich!"

Als Christine nach Hause kam, war Mudder schon weg. Vadder war mitgefahren, und Christine hörte die Botschaft von Karl. Schweigend übernahm sie den Rest des Abwaschens. Dann kam Vadder zurück und berichtete.

„Dja", sagte er und sah auf die Uhr, „djetzt hat sie es wohl schon überstanden und isser mit durch. Ich hab bei Ellermanns Bescheid gesagt. Wenns was Ernsthaftes is, rufen die vom Krankenhaus da an, und Ellermanns geben uns gleich Bescheid."

„Wo liegt sie denn?" fragte Christine.

„Och – ganz nett. Noch mit zwei annern Damen zusammen. Die Schwestern sind dja sehr aufmerksam. Das muß man sagen. Ich hab mit der einen schon gesprochen. Die hat auch gesagt: ‚So schnell wie möglich raus mit dem Ding!' – Und morgen kann ich se schon besuchen, da ischa gerade Besuchstag."

„Da nimmst du mich doch mit, Vadder, nich!?"

Aber Vadder wollte nicht: „Das geht nich den ersten Tag, Christine. Mudder muß absolute Ruhe haben. Keine Menschen an'n ersten Tag!"

„Aber Vadder – ich weiß nich – hatten se denn kein Einzelzimmer mehr für Mudder? Ich find das nich schön, noch mit zwei annern Frauen zusammen!"

„Unsinn, Christine, im Gegenteil! Dascha so viel besser! Da hatse en büschen Gesellschaft und kann sich unterhalten und kommt mit'n Gedanken 'n büschen vonner Krankheit weg!"

Als Mudder am nächsten Tag erwachte, hatte sie, wie Vadder gesagt hatte, schon alles hinter sich. Neben sich sah sie die weißen Kissenberge mehrerer Betten, in denen die andern Patientinnen lagen.

„... und da hat mir der Aazt erst mal ne Kanüle eingesetzt und ich hab 14 Tage lang, hab ich gelegen, bis alles raus war.

Nun sagt er dja, mit dem Zeh, das würd wohl noch ne Weile dauern, weil das Blut dja geronnen is und das heilt dja'n büschen langsam. Oh, Frau Meierdierks! Sind Sie wieder bei sich?"

Mudder nickte.

„Haben Sie Äther bekommen?"

„Dja!" sagte Mudder. „Ich glaub!"

„Das riecht man!"

Dazu sagte die andere Patientin: „Ich kann dja Äther nich ab. Ich hab dem Professer gesagt, ich wollt das nich haben. Da hat er gesagt, ich soll mich nich anstellen. Nu denken Se doch bloß mal, Frau Berger: Ich und mich anstellen! Die Schmerzen, die ich hab, die hält dja kein Pferd aus. Vorige Woche, wo ich den Eiter noch drin hatte! Eine Viertel Tasse voll. Ich sag Ihnen, ich bin an den Wänden, bin ich hochgekrochen!"

Mudder war müde und schlief wieder. Sie schlief bis zum Nachmittag, an dem Besuch ins Krankenhaus gelassen wurde.

Punkt drei Uhr begann es, auf den langen Gängen draußen zu rumoren. Man hörte, wie die Masse der Besucher ins Haus strömte und sich auf die einzelnen Zimmer verteilte. Ein paar mal klopfte es auch an Mudders Zimmer, und sie hörte dann leise und monoton die ausgetauschten Neuigkeiten über das Zuhause und die Krankheit.

Vadder kam erst eine Stunde später. Er klopfte sehr leise an der Tür, öffnete sie und suchte dann erst einmal jedes Bett nach dem Gesicht von Mudder ab.

Etwas matt noch sah er sie in den Kissen liegen. Und davor – Onkel Peter! Mit einem riesigen Blumenstrauß. Als Peter ihn sah, stand er auf: „Heini!"

„Grethe!" sagte Vadder. „Na?"

Und dann fügte er so ganz nebenbei hinzu: „Tag, Peter!"

„Tag, Heini! Tja, dann will ich mal wieder gehen!"

„Aber, Peter!" meinte Vadder.

Aber Peter gab Mudder die Hand und sagte: „Nee, nee! Laß man! Am ersten Tag braucht en Kranker Ruhe und nix weiter!"

Dann schloß sich die Tür hinter ihm.

Vadder saß neben Mudders Bett und hielt ihre Hand. Er

hörte das eintönige Gemurmel der Besucher. Und es roch nach Milchsuppe und Äther.

„Wieso kommt denn Peter schon hierher?“ fragte er dann.

„Och, Gesine und Jan waren ja auch schon hier!“

„Wieso“, sagte Vadder. „Die war'n schon hier!?“

„Dja – Heini, was machst du denn für ein Gesicht!“

„Ich mach doch kein Gesicht!“

„Was hast du denn bloß?“

„Ach“, sagte Vadder ärgerlich. „Immer, wenn der Peter da is, denn – ich mein nur: Djetzt, wo du krank bist, brauchst du deine Ruhe!“

Mudder lächelte: „Er war doch kaum eine Minute hier!“

„So! – Nadja!“ Dann dämpfte Vadder seine Stimme. „Wie sind denn die beiden Damen hier. Ganz gut, daß du nich allein liegst, nich? Dann brauchst du nich so viel an deine Krankheit zu denken!“

„Dja, Heini, die lenken mich immer ganz schön ab.“

„Geht es dir denn nu wirklich besser djetzt, Grethe? Ich hab die ganze Nacht dja kein Auge zugehabt!“

„Aber Heini!“

„Dja, ich dacht, djeden Moment würden se bei Ellermanns anrufen und djemand schicken, ich sollte ins Krankenhaus kommen!“

„Aber diese Nacht kannst du nu ganz ruhig schlafen, du! Bestimmt! Da schläfst du mal richtig aus, dja?“

„Dja“, stöhnte Vadder, „ich bin dja auch wirklich nervös, Grethe, ich muß einfach mal richtig schlafen!“

Die Tür ging auf.

„Oh!“ sagte Mudder, „Schwester Gertrud! Darf ich mal bekannt machen? Das is mein Mann hier und das is Schwester Gertrud!“

Vadder erhob sich halb vom Stuhl: „Tag Schwester! – Meierdierks!“

„Na, Herr Meierdierks, jetzt haben wir Ihre Frau doch wohl richtig repariert, was? Bitte bleiben Sie doch sitzen!“

Vadder sagte: „Danke schön!“ und setzte sich wieder.

Die Schwester holte ein paar Röhrchen aus der Tasche: „So – hier sind die Tabletten, Frau Meierdierks. Die Laxativa!"

Vadder horchte auf: „Was das denn?"

Die Schwester beugte sich zu ihm herunter und sagte ihm etwas ins Ohr. Darauf lachte Vadder schallend und meinte: „Ach zo dja, Schwester, dja – das muß immer in Ornung sein! Das stimmt!"

„Wollen Sie auch noch ein paar Schlaftabletten, Frau Meierdierks?" fragte die Schwester.

Aber Mudder wehrte ab. „Nein, danke, Schwester Gertrud, ich schlaf dja wie'n Murmeltier. Die hätten Sie man lieber mein'n Mann anbieten sollen. Der hat die ganze Nacht kein Auge dicht gekriegt."

„Och, Herr Meierdierks! Wer wird denn! Aber im Ernst: Wenn Sie sie haben wollen – ich lege sie Ihnen hier her. Nehmen Sie sie kurz vor dem Schlafengehn, dann schlafen Sie wie ein Engel!"

„Oh, wenn das Ihr Ernst ist, Schwester", dabei erhob sich Vadder wieder halb vom Stuhl. „Ich nehm sie ganz gern! Legen Sie se man dort hin!"

„Bitte schön!" sagte Schwester Gertrud. „Und machen Sie sich man nicht solche Sorgen!"

„Schönen Dank auch, Schwester!" sagte Vadder und sah der Weißgekleideten nach, wie sie aus dem Zimmer ging, nachdem sie den andern Patientinnen ihre Tabletten gegeben hatte.

„Nette Schwester, du!" sagte Vadder zu Mudder.

Die lächelte: „Magst die wohl leiden, Heini?"

„Och, Grethe, nich doch soo! Ich mein dja nur! So – dja, Grethe, dann wollt ich noch gefragt haben, was du sonst noch willst. Soll ich dir noch was mitbringen?"

„Nee, Heini, laß man. Ich hab dja alles hier. Was machen denn die Kinner? Und überhaupt: Wie werdet ihr denn nu fertig ohne mich?"

„Tadellos, Grethe, prima geht das! – – Mensch – da fällt mir gerade ein: Is dja Spätwoche heute! Willi kommt doch ausser Schule. Du, Grethe, du mußt mich schon entschuldigen, aber –"

„Lauf man, Heini! Kannscha morgen wiederkommen. Dokter Weißquell wird schon da nix gegen haben!"

„Ich glaub auch. Morgen nachmittag komm ich denn eben auffen Sprung vorbei, nich? Also, min Deern, laß dir gut gehn und — — oh, meine Tabletten! Nee, laß man, bleib liegen! Ich nehm sie schon mit!"

„Das tu man, Heini! Und grüß alle!"

„Djadja, das will ich!" sagte Vadder, gab Mudder einen Kuß und machte dann eine kurze Verbeugung zu den Damen in den andern Betten: „Auf Wiedersehn, meine Damen! Und gute Besserung!"

Der Chor der Damen antwortete: „Auf Wiedersehn, Herr Meierdierks!"

Dann lief Vadder los.

Es war einen Augenblick still im Krankenzimmer, bis die eine Dame sagte: „Netten Mann haben Sie aber wirklich, Frau Meierdierks!"

Und die andern stimmten ein: „Ja, hat mir auch gut gefallen! Eine stattliche Erscheinung! Bestimmt! Is ja nich lange dagewesen!"

Mudder lächelte. „Dja — er mußte dja nach Hause wegen unsern Djüngsten, nich?"

Dann war es wieder eine Weile ganz still im Krankenzimmer. Die andern Besucher waren gegangen. Mudders Blick ging über die Nachbarbetten. Plötzlich fuhr sie hoch.

„Du meine Güte!" rief Mudder.

Und die Nachbarin fragte: „Was is denn?"

„Ich seh eben gerade: Djetzt hat mein Mann inner Eile aus Versehen die Abführtabletten mitgenommen! — — Der arme Heini! Er wollte doch heute nacht mal richtig ausschlafen!"

11. Kapitel

Alles in Ornung

Als Doktor Weißquell Vadder gesagt hatte: „Morgen können Sie Ihre Frau abholen!" da fuhr er sofort ins Krankenhaus, um alles „in Ornung" zu bringen.

„Also, Grethe", sagte er, „Dascha nun alles 'n büschen plötzlich alles. Aber ich hab den Chef schon gefragt, daß ich morgen nachmittag wegbleibe, weil du nach Hause kommst!"

„Aber Heini, deswegen brauchst du doch nich ausser Firma weg!" meinte Mudder. Aber Vadder entgegnete: „Doch, Grethe, sonst bin ich zu nervös. Wir bereiten doch alles zu Hause auf deinen Empfang vor. Und Kaal holt dich mit'n Taxi ab. So gegen fünf. Ich geh denn noch eben schnell ins Büro wegener Kasse, nich? Du – die eine Schwester, die is bestimmt nett, du!"

„Heini, die sind hier alle nett!"

„Ich hab mir das nämlich noch überlegt, Grethe: Wir werden Schwester Gertrud so manchmal nachmittags zu uns holen zu Kaffee und Kuchen. Dann machen wir ihr'n feinen Nachmittag. Sone Deern hat dja rein ganix von Leben, nich?"

Und Mudder sagte: „Dokter Weißquell müssen wir auch mal zu uns bitten. Er hat sich mächtig um mich gekümmert und war so nett und freundlich und is immer geduldig gewesen. Ich dachte schon, wir müßten ihm eigentlich irgendwas schenken."

„Wieso?" meinte Vadder.

„Nadja, ich dachte so – son silbernes Zigarettenetui oder sowas. Irgendwas!"

Vadder stützte sein Kinn in die Hand: „Dja, ich hab das auch schon überlegt. Ich wollt erst Schwester Gertrud vorhin von der Ecke noch'n Kasten Pralinen mitbringen, aber ich glaub, das mach ich erst, wenn du wieder zu Hause bist und wir sie zu uns einladen, nich?"

„Dja, Heini, wir dürfen das bloß nich vergessen!"

„Aber Grethe! Sowas vergißt man doch nich! Wenn ein

Mensch einen hilft, denn mussen sich doch auch erkenntlich zeigen. Dascha doch, was der Anstand von einen verlangt."

Vadder packte Mudders Sachen zusammen und in den Koffer. Sie sollte nur das Notwendigste draußen behalten. Alles sollte dann am nächsten Tag von Karls Taxi mitgenommen werden. Als sich Vadder von Mudder, und auch von den Patientinnen verabschiedete, zog ihn Mudder noch einmal zu sich herunter und flüsterte ihm ins Ohr: „Du Heini, ich hab dja sone Sorge gehabt, wie du wohl mit allem fertig geworden bist?!"

Vadder aber richtete sich gleich wieder auf und sagte: „Aber Grethe! Du kannst völlig ruhig sein, Kind. Es ist alles in Ornung, in allerbeste Ornung!"

Nach diesen Worten fuhr er heimwärts.

„Herz – lich – Will – kommen!" las er auf dem Stück Pappe, das Frauke angemalt hatte.

„Das kommt mit de Girlannen übere Tür! Wo sind die Blumen?"

Vadder dirigierte jetzt die Empfangsvorbereitungen.

„Ruhe djetzt! Ich nagele ers das Schild für Mudder an, damit es sitzt, wenn se morgen kommt!"

„Das kann ich doch machen, Vadder!" schlug Karl vor.

„Ich habe eben gesagt – – wo is die Leiter? Kaal, nu kuck mich doch nich so an! Wo is die Leiter?"

Karl zeigte auf die Ecke im Flur: „Da steht sie doch!"

„Willst du sie mir mal eben hierher stellen? – Wo is der Handwerkskasten? Willi! Hol den Handwerkskasten ausser Speisekammer!"

„Ich soll doch die Girlannen halten!"

„Du holst jetzt den Kasten, verstanden?"

„Wo is der?"

„Ich hab dir doch gesagt, Bengel, er steht – – Au! Kaal!!! Biste denn von alle guten Geister verlassen! Nu nimm dich doch in acht mitter Leiter!"

„Kann ich denn dafür? Das hab ich dja doch nich mit Absicht gemacht!"

Nach einer Weile kam Willi mit dem Handwerkskasten. Als er bei Vadder war, ließ er ihn aus den Händen rutschen, und alle Werkzeuge, Schrauben und Nägel fielen auf den Boden zwischen die Blumen und Guirlanden. Nachdem alle die Sachen wieder aufgesammelt hatten, meinte Karl: „Sei nur vorsichtig, daß du nich bein Hämmern da oben die Klingelleitung durchhaust, nachher kann man hier pingeln, und kein Mensch hört es.“

Vadder machte ein Gesicht, als ob man ihm wer weiß was erzählt hätte. „Das laß man meine Sorge sein. Vorläufig weiß dein Vadder immer noch besser Bescheid, wie ein Nagel eingeschlagen wird, wie du. Nun haltet man mal die Leiter!“

Frauke und Karl hielten die Leiter, auf die Vadder nun hinaufstieg. Als er oben war, rief er Willi zu, er solle ihm sofort den Hammer geben.

Willi drehte sich zweimal im Kreise, als könne er den Hammer nicht entdecken. Dann reichte er ihn Vadder.

„Nägel!“ rief Vadder.

„Nägel?“ fragte Karl und Vadder antwortete wieder: „Djawoll, mein Djunge: Nägel! Du hast ganz richtig gehört!“

Der erste Nagel, den ihm Karl hinaufreichte, fiel ihm zweimal wieder auf den Boden. Bei den andern Nägeln, die Vadder in das Schild und den Türrahmen schlug, wurden nacheinander sein Daumen und sein Zeigefinger mit wuchtigem Hammerschlag blau gequetscht. Nachdem das Schild hing, die Guirlanden aufgehängt und Vadders Daumen und Zeigefinger verbunden waren, führte Vadder noch einen kräftigen Schlag gegen einen herausragenden Nagel. Und mit diesem Hammerschlag ging die Klingelleitung wirklich kaputt.

„Ein Vollidiot is der Elektriker, der sone Klingelleitung gelegt hat!“ sagte Vadder.

Dann klopfte es gegen die Haustür.

Als Karl öffnete, stand dort ein Mann mit einem Kasten.

„Schönen Gruß von Herrn Marwede. Ich soll das hier abgeben. Da is der Fridderich drin. Wir mußten ihn verpacken, sonst wäre er wohl ausgeneit!“

Karl nahm den Kasten mit bestem Dank. Als er die Tür hinter dem Mann schloß, merkte er, daß etwas in dem Kasten winselte. Das war der Hund von Onkel Fidi aus dem Lüssumer Grund.

„Friedrich“ stand auf einem Zettel, der auf den Latten des Kastens befestigt war.

Es war zu spät, den Mann zurückzurufen, als Vadder die Treppe herunterkam und fragte, wer dagewesen sei. Außerdem hatte Willi bereits den Deckel losgemacht, und der Hund tobte winselnd durch die unteren Räumlichkeiten.

Als Vadder seine Fassung wiedergefunden hatte, wurde beschlossen, Mudder am nächsten Tage nichts von dem Hund zu sagen.

„Sie darf sich auf keinen Fall aufregen, hat der Dokter gesagt. Darum wird über den Hund nich geredet!“ ordnete Vadder an.

„Und wo tun wir ihn hin?“ fragte Karl.

„Er kann auf deine Stube so lange! Da kommt Mudder nich hin! Und den Kinnern wird eingeknotet, daß das eine besonnere Extraüberraschung für Mudder sein soll, die sie erst übermorgen erfahren darf. Verstanden?“

„Klar!“ sagte Karl.

Am nächsten Tag hatten sich Tante Gesine und Onkel Jan pünktlich in der Meierdierks'schen Wohnung eingefunden, um Mudder zu empfangen. Woher sie die Nachricht von Mudders Heimkehr hatten, war Vadder nicht klar. Er fragte auch nicht mehr danach, sondern fand sich mit allen Dingen ab.

Mudder kam.

Das erste, was sie hörte, war, daß die Klingel kaputt war.

„Fümf Minuten haben wir geklopft, bis du aufgemacht hast, Heini!“ sagte Jan.

Vadder wurde leicht nervös: „Is dja in Ornung!“ sagte er. „Djan, du mußt aber auch nich! Grethe is djetzt eben erst gekommen und da –“

„Is denn noch mehr kaputt?“ fragte Mudder.

„Nein!“ beteuerte alles im Chor.

Dann fand Mutter unter ihrer Post den Lieferschein einer Porzellanfirma über ein Dutzend Tassen und Untertassen.

„Wie kommt denn der dahin?“ fragte Vadder.

„Na, wenn nich mehr kaputt gegangen is!“ meinte Mudder.

„Alles in Ornung!“ beruhigte Vadder. „Nu setz dich doch erst mal, Grethe!“

Willi und Frauke brachten Blumensträuße. Mudder bewunderte das Bild, das Willi ihr gemalt hatte und das eine Blinddarmoperation darstellte mit dem Gruß darüber „Herzlich Willkommen“. Frauke bekam ein besonderes Lob für das schöne Schild über der Tür. Dann schrak Mudder zusammen und starrte auf Willis Kopf.

„Junge!“ sagte sie.

„Was is denn?“ fragte Vadder.

„Komm doch mal her!“ Mudder nahm Willis Kopf zwischen ihre Hände. „Sag mal, was hast du denn da an'n Kragen?“

Willi fuhr mit der Hand hin: „Ich? nix!“

Vadder sah den Hals seines Sohnes an. „Is doch alles in Ornung!“ meinte er.

„Na, Heini! Siehst du das denn nich?“ meinte Mudder.

„Was denn?“

„Hier den schwarzen Rand! Sag mal, Willi, wie oft hast du dich einklich gewaschen, seit ich weg bin?"

„Immer!"

Vadder bekam seine Falte auf der Stirn: „Och, Grethe, du kannscha einen aber auch verdjagen! Du machst dja ein Gesicht! Ich dacht schon, der Junge hat den Ausschlag oder die Masern oder sowas! Is doch alles in Ornung!"

Dann setzte Christine die Schüssel mit Mudders Lieblingskuchen auf den Tisch.

„Kinder, ich bin ganz gerührt!" meinte Mudder. „Ihr habt aber auch an alles gedacht!"

In diesem Augenblick schabte und kratzte es an der Tür. Sie ging auf und herein raste winselnd und bellend der Hund.

Willi grinste. „Das is Fridderich, Mudder. Das sollte man noch ne Überraschung für morgen sein!"

„Ein Hund!" sagte Mudder erschöpft. Dann wurde es einen Augenblick still. Friedrich hatte aufgehört zu bellen. Aber Mudder zeigte versteinert auf eine Stelle auf dem Teppich: „Heini! Nu kuck doch! Igitt! Nein, wie entsetzlich! Nich mal stubenrein isser!"

Vadder guckte. „Ich versteh das patuh nich, Grethe!" sagte er. „Bis djetzt is der Hund absolut in Ornung gewesen. Das muß vonner Aufregung kommen, daß du wieder da bist!"

12. Kapitel

Die Erholung

„Ich habe dja Verschiedenes hin und her überlegt, lieber Peter!" sagte Vadder, als er mit Onkel Peter über ein „erholsames Wochenende" sprach. Er stand auf und holte die Zeitung.

„Hier! ‚Gesamtpreis acht Tage Paris D-Mark einhundertvierzig!' Stell dir das mal vor!"

Peter war zwar der Idee nicht abhold, überlegte jedoch sachlich: „Was willst du denn eigentlich mit der ganzen Familie in Paris! Da fährt man doch allein hin!"

„Ich sage dja bloß, Peter! Ich hab das man gelesen und finde das furchtbar billig! Es is dja nur vergleichsweise. Wenn man bedenkt, dassen heutzutage so billig reisen kann ..."

„Na höre mal, Heini! Mit sechs Personen sind dat aber über achthundert Mark! Da kann man doch wat janz anderes dafür bekommen!"

„Das stimmt, Peter. Aber was?"

Vadder war sich in Wahrheit völlig im Klaren darüber, warum Peter zu ihm gekommen war, um mit ihm über ein „erholsames Wochenende" zu sprechen. Er wollte nur nicht darum fragen, in Peters neuem „Kombiwäjelchen" mitgenommen zu werden. Das Angebot mußte von Peter selbst kommen!

Peter setzte sich in Vadders Sessel zurecht. „Kuck mal, ich hab da sone Idee. Ich hab doch nun meinen Kombiwagen. Da passen wir alle rein. Wie wäret denn nun, wenn wir alle zusammen am nächsten Wochenende en bißchen in die freie Natur fahren würden."

„Tja, Peter, da hab ich nix gegen! Das wär ne wunnerbare Idee!"

„Ich dachte dat so:", meinte Peter. „Mein Wagen, der is da. Wir teilen uns in dat Benzin, und die Verpflegung besorjen wer jemeinsam. Dat wird dann nich noch extra teuer, und wir haben bestimmt mehr davon, als wenn wir mit fremden Leuten so im

Omnibus durch die Jejend rasen. Ich hab nämlich noch wat anderes im Sinn!"

„So?" fragte Vadder mißtrauisch.

„Ja. Kuckemal: Ihr seid zusammen sechs Personen. Dann kommt noch Gesine und Jan ..."

„Die können beide zum Beispiel dieses Wochenende nich!"

„Is ja auch ejal. Dann bleiben noch wir drei übrich: Max, Jisela und ich. Olja is verreist. Wir sind also zusammen neun Personen. Nu dacht ich dat so: Ich hab da doch noch dat Hauszelt. Da passen bequem sechs Personen rein. Und Karl hat das Zweimannzelt noch, und dann müßten wir uns noch ein Zweimannzelt besorgen."

„Aaah, zelten meinst du?"

„Ja! Dat is nämlich jetzt wieder ne jroße Mode jeworden. ‚Kemping' heißt dat. Man kann in Jottes freier Natur sein, braucht keine teuren Hotels zu bezahlen und is trotzdem jut unterjebracht und verflecht!"

Vadder stand auf, so erregend war dieser Gedanke. Es war eigentlich sein geheimer Wunschtraum von jeher gewesen, mit der ganzen Familie zu einem solchen Zeltlager einmal aufzubrechen.

Vadder zündete sich eine Zigarette an. „Wie du das so sagst, Peter — wär das wirklich mal zu überlegen. Da hätt ich wohl Lust zu."

Er machte ein paar Schritte durch das Zimmer und sagte dann „spontan" zu Peter: „Is dja auch wahr! Man muß doch mal mitter ganzen Familie nach draußen. Mal wieder inner freien Natur sich auslaufen. Peter! Je mehr ich daüber nachdenke, desto mehr gewinn ich Geschmack an der Sache!"

Er ging wieder ein paar Schritte und sagte dann: „Und denn kommt dja alles so viel billiger!"

Es war eine großartige Idee! Als Peter an diesem Nachmittag ging, und Mudder von der Parzelle nach Hause kam, fand sie Vadder in bester Laune. Und als er ihr erklärte, worum es ging, und sie Bedenken zeigte, konnte er diese Bedenken sehr schnell zerstreuen.

„Ich hab dascha alles schon mit Peter in allen Einzelheiten besprochen, Grethe. Es is eine ganz wunnerbare Idee! Wir kommen endlich mal raus auf diese Weise!"

„Aber, Heini, das kommt dja djetzt alles 'n büschen schnell. Kuck mal: Ich muß dja da auch was vorbereiten für!"

Wenn Vadder Gelegenheit gehabt hätte, ihr hier ins Wort zu fallen, hätte er es sicherlich getan, so sprudelten jetzt seine Gegenargumente hervor: „Ganix! Ganix! Grethe, das *isses* ja! Darum fahren wir dja nach draußen, weil vor allem *du* escha bitter nötig hast, mal auszuspannen und mal wegzukommen von'n Aufwasch und den Kinnern."

„Heini, ich weischa. Aber'n büschen muß ich dja wohl vorbereiten für sone Sache. Ich muß dja schließlich wissen —"

„Ganix brauchste zu wissen, Grethe. Zu essen nehmen wir mit. Also brauchst *du* dich darum ganich zu kümmern!"

„Aber das Essen muscha doch schließlich gemacht werden, Heini!"

„Unsinn! Es wird da mal richtig abgekocht in Freien!"

Vadder ging ein paar Schritte durch das Zimmer, dann wandte er sich wieder Mudder zu, die stumm den Kopf schüttelte. „Kuck mal, das macht dja doch Spaß, Grethe. Hier!" und damit angelte er einen großen Karton vom Schrank, „das hab ich vorhin schon mal besorgt!"

Mudders Sorgen wurden nun überschattet von der Neugierde, was wohl in dem Karton enthalten sein könnte. Vadder packte aus. Und aus mehreren Papierhüllen schälte sich langsam ein blankes, nagelneues Etwas. Ein Benzinkocher.

Vadder guckte Mudder an, die etwas hilflos davor stand.

„Dascha ganz einfach, Grethe. Hier unten wird gepumpt, und hier oben is der Tank!"

„Dja – aber – tja, wer soll da denn mit kochen?"

Vadder lachte: „Alles schon ganz genau ausgerechnet. Peter und ich hab'n abwechselnd Küchendienst."

„Abwechselnd?"

„Dja doch! Einen Tag er und einen Tag ich."

„Dja – mehrere Tage soll das dauern?"

„Grethe! Deshalb wollen wir dja schließlich zelten!"

„Na, das wird dja reizend werden!“ sagte Mudder mit einem fatalistischen Unterton.

Vadder war dadurch gereizt: „Traust du mir vielleicht nich zu, daß ich – Grethe! Schließlich – in'n Krieg hab ich noch ganz annere Sachen gemacht!“

„Dja“, meinte Grethe. „Das weiß ich dja! Aber djetzt wollen wir nich in'n Krieg, sonnern inne Erholung! Und das muscha richtig vorbereitet sein, nich?“

Vadder wurde energisch: „Grethe, nu laß es dir djetzt ein für allemal gesagt sein: Du kümmerst dich um ganix! Hörst du?“ Und etwas ruhiger fügte er hinzu: „Du muscha auch mal an dich denken! Du sollscha auch mal Deine Feiertage haben! Es *is* dja auch so: Wer nimmt denn schon mal auf die Hausfrau Rücksicht! Keiner! Für die ganze Familie gibt es immer Feiertage, und für die Frau des Hauses? Da gibts denn nur Abeit und weiter nix! Deshalb spann du dieses Mal mal richtig aus, Grethe. Du hast es bestimmt bitter nötig!“

„Dja – wann soll das denn nun – wann willst du denn zelten?“

„Ich hab mit Peter verabredet: Heute in genau drei Wochen fahren wir Sonnabendmittag los und bleiben bis zun Montagabend.“

„Na, denn ischa noch Zeit!“ sagte Mudder beruhigt und hatte im Stillen die Hoffnung, daß sich bis dahin einiges ändern würde.

Und tatsächlich sollte sich schon in der nächsten Minute alles in einem neuen Licht zeigen, als nämlich Karl ins Zimmer trat.

Er ging nach seinem „Nabend“ erst einmal leise pfeifend durch das Zimmer und sah dann Vadder etwas verlegen lächelnd an.

Vadder seinerseits holte bereits aus mit der Neuigkeit des Zeltens, als ihm Karl zuvor kam und sagte: „Also haltet euch fest: In vier Wochen is Hochzeit!“

Vadder und Mudder standen erst einen Augenblick stumm da. Dann fragte Vadder langsam: „Wie bitte?“

Als Karl seine Botschaft wiederholte, setzten sich die Eltern an den Tisch.

„Dja, Djunge, was denkste dir denn einklich! Das geht doch

ganich. Und denn fahren wir dja doch in drei Wochen zun Zelten weg!"

Das Thema riß für drei Tage nicht ab.

Schließlich einigte man sich.

„Um das alles mal klar zu machen", sagte Vadder, „wir werden in drei Wochen zelten. Und da du dja patu deinen Willen haben mußt, kannste von mir aus in vier Wochen Hochzeit machen."

Alle Einwände von Mudder, das wär „wohl 'n büschen viel", wurden von Vadder „im Keime erstickt": „Grethe – in Gegenteil! Du wirst dich freuen, mal wieder draußen zu sein und mal inner freien Natur herum zu laufen. Nachts haste die Luft draußen, so gesund. Und vor allen, Grethe, du brauchst dich dja wirklich in die drei Tage mal um nix zu kümmern und kannst Kräfte sammeln. Die Hochzeit wird denn dja auch 'n paar Strapazen mit sich bringen. Da kannste die drei Tage nochmal ornlich ausnutzen, um dich zu erholen!"

Es taten sich jedoch noch einige andere Dinge, die für die nächsten Wochen der Familie etliche Änderungen zu bringen drohten.

An einem Sonnabendmittag saßen Gisela und Christine in einem Café auf der Obernstraße. Christine bohrte mit ihrer Waffel in einem Eisbecher. Sie hatte Gisela angerufen und sie, die zukünftige Ehefrau um Rat in „einer privaten Sache" gebeten.

„Was mach ich denn nur, Gisela!"

Gisela antwortete mit dem Gewicht ihrer Erfahrungen: „Tja – wenn ich du wäre, dann würde ich einfach handeln!"

„Nein!" sagte Christine und biß auf ihre Waffel. „Das geht nich! Du kennst dja Vadder nich! Wenn der bloß den Namen ‚Alfred' hört, bekommter einen Wutanfall!"

„Tja – dann liegt es aber auch bestimmt etwas an ihm!"

„An wen?"

„An Alfred! Er is ja bestimmt nich so wie Karl. Sonst würde er längst bei deinem Vadder mal auf'n Tisch geschlagen und gesagt haben: ‚Ich bin ja schließlich 'n erwachsener Mensch!' Ich versteh das nich, Christine! Er is doch schließlich intelligent!"

Christine sah nachdenklich in ihren Eisbecher und meinte: „Dja, das isser wohl. Dja."

„Na also", ermunterte Gisela, „dann muß *er* eben seine Intelligenz zur Hilfe nehmen, wo andere Leute mit der Faust auf'n Tisch schlagen!"

Christine sagte dazu nur: „Djadja, das stimmt!"

Und als sie sich eine halbe Stunde später mit Alfred am Brill traf, hielt sie ihm folgenden Vortrag: „Paß auf, Alfred, es is Folgendes ..."

„Was denn?" fragte Alfred. Er vermutete wieder ein „verpatztes Wochenende" und sah in diesem Augenblick etwas bestürzt aus.

„Hör zu: In zwei Wochen fahren wir zun Zelten nach draußen!"

„Wohin!"

„Vadder hat die Stelle schon mit Onkel Peter ausgesucht: Er will an den Deich, hinter der Moorlosen Kirche. Da soll eine Stelle sein, wo man zelten kann!"

„Naja – und was soll ich nu tun?"

„Das überlaß ich dir, Alfred. Ich hab djetzt aber wirklich keine Lust mehr – ich mein – – Alfred, nu mach doch nich son trübes Gesicht. Ich weiß es dja: Das liegt dir nich, mal mit der Faust auf'n Tisch zu schlagen und zu sagen: Ich bin ja schließlich 'n erwachsener Mensch! Aber du bist doch intelligent! Und wo andere es eben mit Gewalt machen, da kannst du doch schließlich deinen Grips mal anstrengen!"

Alfreds Gesicht bewies die Richtigkeit der Behauptung vom Grips gar nicht.

„Ich – ich bin – – –"

„Dja, Alfred!" feuerte ihn Christine an, „verstehst du denn nich, was ich meine?"

Jetzt verstand Alfred. Oder er schien wenigstens zu verstehen. „Achso, dja, natürlich!" sagte er und richtete sich auf. „Paß mal auf! Wir beide sind über das Wochenende zusammen! Da kannst dich fest auf verlassen!"

„Dja, wie denn?" wollte Christine wissen.

Alfreds Gesicht hatte nun auf einmal einen ungewöhnlich pfiffigen Ausdruck.

„Das laß man meine Sorge sein!“ sagte er. „Köpfchen, Köpfchen!“ Dabei tippte er sich an die Stirn.

Während dieses Rendezvous am Brill stattfand, war bei Meierdierks in der Wohnung ein anderes Treffen. Onkel Peter war mit Max gekommen und hatte das Zelt mitgebracht.

„Wir wollen et mal ausprobieren!“ sagte Peter. „Sozusagen ne kleine Generalprobe!“

Das Wohnzimmer war dafür ausersehen, weil Mudder in der Küche zu tun hatte. Über die ganze Breite des Zimmers war die Plane gespannt, darüber liefen in seltsamen Kurven Vadder, Peter und Max hin und her. Und Willi kniete vor einem Bündel kleiner Stöcke, die Vadder gerade zählen wollte. „. . . virrzehn, fümfzehn, sechzehn, siebzehn . . .“

„Wozu is das denn!?“

„Willi! Laß das liegen! Das sind Häringe!“

„Och, Mönsch, Vadder, das sind doch keine Heringe!“

„Dja doch, djetzt mach mich nicht vogelig! Geh mal hier runter vonner Plane!“

Es stellte sich heraus, daß man jetzt die Zubehörteile von zwei Zelten durcheinandergebracht hatte, und Peter und Vadder zogen die Plane des großen Zeltes mit einem Ruck aus den übrigen Zeltteilen hervor.

Dabei fiel von der Anrichte die Vase von Tante Lisbeth auf den Boden.

„Is nich schlimm!“ sagte Vadder. „Laß man liegen. Djetzt machen wir erst mal weiter. Du mußt djetzt da drüben hin, Max, und faß da den Zipfel an!“

„Tritt nich immer auf die Luftkissen, Max! Die halten dein Gewicht nich aus!“

Max strauchelte über einige Schnüre, dann war er am andern Ende der Stube und hielt den Zipfel, wie Vadder gesagt hatte.

„Augenblick! Einen kleinen Moment!“ rief Vadder. „Ich muß nochmal eben die Anweisung lesen.“

Mit einer Hand hielt er das Zelt, in der andern hatte er die Gebrauchsanweisung für das Patentzelt.

„Dieses Zelt ist selbst von Kindern in Sekundenschnelle mit einem Handgriff aufstellbar!“

Vadder las vor. Er murmelte vor sich hin und gab dann seine weiteren Anweisungen.

„Djetzt, Peter, du hier herüber! Nein, da umzu! So, dja! Und nun – Willi, geh sofort vonner Plane weg – müßt ihr festhalten, und ich zieh mit'n Ruck die Sache hoch!"

Peter warnte vor der Höhe des Zeltes. „Hoffentlich kann dat auch hier in der Stube aufrecht stehen!"

„Klar!" sagte Vadder, „die Stube ischa höher als drei Meter! Seid ihr fertig?"

„Jaa!" antworteten Peter und Max und hielten die Zipfel fest.

„Dann: Achtung! Ich zieh djetzt! Willi! Nimm noch die Schlaufe da inne Hand! Nee, die da! Djaaa! Sooo! Und nich loslassen, hörst du?"

Alle drei sahen nun auf Vadder, der die Gebrauchsanweisung aus der Hand legte und mit beiden Händen die Taue anfaßte, an denen man laut Anweisung zu ziehen hatte.

„Achtung! Djetzt!!" sagte er.

Er zog.

Langsam stieg das Zelt in die Höhe.

„Wunderbar!" kommentierte Max, als die graue Fläche langsam zu steigen begann. Der mittlere Haltestab war mit einem federnden Mechanismus versehen. Wenn das Zelt eine gewisse Höhe erreicht hatte, spannte sich laut Anweisung der Rest automatisch auf.

„Langsam", sagte Vadder, obwohl er der einzige war, der das Tempo beschleunigen oder verlangsamen konnte.

Jetzt war der Moment gekommen, wo es schnappen mußte. Die Feder sprang mit einem kleinen Schnapplaut ein, und das Zelt schnellte in die Höhe. Peter und Max hielten die Enden mit aller Kraft, während Willi an der Schnur, die er nicht loslassen sollte, quer über den Fußboden gezogen wurde.

„Halt!" schrie Peter. Er sah, wie die Spitze sich oben in dem Deckenleuchter mit den Marmorschalen verfing.

„Laß!" rief Vadder. „Das macht nix! Das geht schon!"

Dann drehte er sich im Kreise und suchte nach einem Punkt, wo er das Tau befestigen konnte. Der Fuß der Anrichte schien ihm gut genug.

„Halt mal eben fest!" sagte er. „Willi, du kannst auch loslassen. Kann nix mehr passieren! Ich will nur eben Grethe zeigen, wie es aussieht. Moment!"

Er machte die Tür auf und rief: „Grethe! Schnell! Es steht!"

Mudder kam sofort aus der Küche, auf den Lippen bereits die Bewunderung: „Nein, wie praktisch!"

In diesem Augenblick hakte die Deckenbeleuchtung aus und rutschte ein Stück tiefer. Dadurch verlor der Haltestab seine senkrechte Lage und riß das ganze Zelt mit sich um.

Mudder sah beim Eintreten nur eine große graue Fläche, unter

der Peter und Max sich vergeblich bemühten, den Ausgang zu finden.

Als sie sich freigestrampelt hatten, meinte Vadder. „Schade, daß du nich en Moment eher gekommen bist! Es stand gerade so schön!"

„Vorsicht! Der Leuchter!" sagte Grethe.

„Der is nur ausgehakt!" sagte Vadder, nahm einen Stuhl und

wollte ihn einhaken. Als er aber den Leuchter anfaßte, hatte er ihn ganz in der Hand.

„Das mach ich nachher noch!“ sagte Vadder und stellte den Leuchter auf die Erde. Es war ein Glück, daß die Zelttrümmer über den Scherben von Tante Lisbeths Vase lagen. Vadders Argument der Billigkeit hätte Mudder wohl nich mehr imponiert.

So hielt er ihr nur einen Vortrag mit der Versicherung, daß alles in Ordnung sei.

„Grethe, es is dja nur mal, daß wir zu sehn kriegen, ob es geht. Djetzt wissen wir, wie es gemacht wird, und alles klappt denn wie an'n Schnürchen. Ich wollte dir das nur mal vorführen.“

Endlich war dann der Tag da.

Die Stadt lag mittags im hellen Sonnenschein. Auf der Obernstraße war das sonnabendliche Gewühl der Menschen, die noch schnell die Sonntagskäufe tätigen wollten. Lange Autoschlangen stoppten an den Kreuzungen und Verkehrsampeln oder brausten über Herdentor, Ostertor, Doventor und die Brücken nach draußen. Die Menschen in diesen Autos wollten das Wochenende rechtzeitig beginnen.

Unter den eleganten Wagen, die um den Liebfrauenkirchhof kurvten, war auch ein graubraun gestrichenes Gefährt mit einem großen Aufbau aus Sperrholz und Glas: Onkel Peters „Kombiwäjelchen“. Mit seinem Zweitaktmotor pötterte es an der Wurstbude vorbei und verschwand dann im Verkehr der Obernstraße.

Zu Hause wartete die Familie. Obwohl Karl meinte, Vadder sähe „blöde“ aus mit seiner Windjacke, hatte Vadder sie doch angezogen. Er stand jetzt auf der Straße, um nach dem Wagen auszuschauen. Mudder packte noch einige Utensilien in den Koffer und die übrige Familie rannte aufgeregt durcheinander.

Endlich bog das „Wäjelchen“ um die Ecke und hielt vorm Haus. Vadder begrüßte Onkel Peter, Max und Gisela und rief zum Fenster hoch: „Sie sind da!“

Sogleich begann es im Innern des Hauses zu poltern. Willi und Frauke waren die ersten, die mit Kissen und Paketen die Treppen herunter stolperten. Dann folgte der Rest der Familie und, nachdem alles, was an Gepäck mitgeführt wurde, auf dem Dachgitter des Wagens verstaut war, nahm die Familie im Wagen Platz. Zunächst war es etwas eng mit den vielen Personen, aber als der Wagen sich in Bewegung setzte, schien sich die Masse der Fahrgäste langsam zurechtzuschütteln.

Es war eine wunderbare Fahrt. Der Himmel war blau und ohne Wolken. Alle Menschen auf der Straße hatten heitere Gesichter, und es versprach, ein wirklich vollkommenes Wochenende zu werden.

An der Ecke der Burchardstraße sahen alle zum Haus von Onkel Jan hinüber. Vor allem die Kinder bedauerten sehr, daß er nicht „mit vonne Patie“ war. Immer weiter ging es, vorbei am Straßenbahndepot, unter den schattigen Bäumen von Oslebshausen lang, bis dann Peter auf Vadders Weisung links einbog, kurz vor der neuen Brücke in Burg.

„Da is besseres Pflaster!“ sagte Vadder. So gondelten sie langsam weiter, immer hinter dem Deich, vorbei an Murkens Fährhaus, bis sie die Weser sahen. Dann an einer schönen Wiesenstelle sagte Vadder: „Hier!“

Onkel Peter ließ den Wagen bergab rollen bis auf die Wiese und stellte den Motor ab.

Nach dem Knattern empfand man nun die Stille hier draußen besonders angenehm. Alles stieg aus und Mudder stand glücklich lächelnd auf der großen Wiese, an der die Weser entlangfloß.

„Schön isses hier, Heini! Das war doch 'ne gute Idee von dir!“ sagte sie.

„Dja, mal 'n kurzen Moment, Grethe! Augenblick! Erst mal die Zelte runter!“ kommandierte Vadder. Es dauerte auch nicht lange, und die beiden Zelte standen da. Dieses Mal klappte alles. Die Sachen wurden ausgepackt und in den Zelten verteilt. Dann streifte sich Vadder die Ärmel wieder runter und sagte: „So – ich gehe djetzt ins Dorf. Mal sehen, ob ich da Wasser kriege. Gib man mal die große Kanne rüber, Christine!“

Gerade wollte er damit den Deich ersteigen, als ein Mann erschien, der in irgendeinem besitzlichen Zusammenhang mit der Wiese stehen mußte.

„Hier könnt Se nich liggen blieben!“ rief er. „Dat geit nich!

Dor möt dji mehr runner an de Werser! Auf der Wiese darf nich gezeltet werden!" fügte er auf Hochdeutsch hinzu.

„Dat jeht Sie janix an!" schrie Peter wieder zurück.

Aber Vadder lenkte ein: „Neinneinnein, Peter, das können wir nich machen. Das geht doch nich. Wir können dja nich einfach mit fremden Grund und Boden machen, was wir wollen. Das geht nich!" Und dann rief er dem Mann auf dem Deich zu: „Is gut! Wir gehn da runter!"

Unterhalb der Wiese war ein Stück Strand. Alle fingen nun wieder an, die Zelte abzubrechen und die paar Meter weiter zur Weser hin zu verlagern.

Endlich, endlich waren die Zelte dort im Sand wieder aufgebaut, und Vadder streckte sich einen Augenblick auf einer großen Decke aus. Mudder setzte sich neben ihn und beide saßen still und lauschten auf die in der Stadt so lange entbehrten Geräusche.

Eine Lerche zwitscherte da oben am Himmel. Auf der Weser fuhren ein Schlepper mit Lastkähnen und ein alter Fischkutter. Das Wasser rauschte, und ein Dieselmotor pötterte von drüben her. Die Kinder spielten ganz still im Sande. Und es war eine Ruhe und ein Frieden, daß Vadder sagte: „Siehste, Grethe, is man doch schön, daß wir hier rausgefahren sind, nich?"

Eine Kuh brüllte oben auf dem Deich. Vadder streckte sich erneut auf seiner Decke aus und wollte ein kleines Nickerchen machen. In diesem Augenblick kam ein leise surrendes Geräusch von weit her über den Deich. Ab und zu knallte es, als ob geschossen würde.

Je näher das Geräusch kam, desto tiefer wurde die Ärgerfalte auf Vadders Gesicht.

Wieder knallte es wie ein Schuß. Vadder fuhr hoch und sah in die Richtung des Geräusches. Das schwoll immer mehr an und schließlich sah man die Geräuschquelle um die Ecke eines Bauernhauses biegen. Es war ein hohes Fahrrad mit knatterndem Hilfsmotor.

„Es is dja nich zu blasen!" sagte Vadder. „Sone Unverschämtheit! Das hat dja auch noch djust gefehlt! Hier Motorräder!"

Gerade wollte Vadder sich wieder hinlegen, um das Geräusch zu ignorieren, als es einen Augenblick ausblieb. Vadder horchte.

Und dann erfolgte einer dieser mörderischen Schüsse. Ein Knall, daß Vadder in die Höhe sprang.

„Himmeldonnerwetter nochmal! Sind Sie verrückt geworden? Was fällt Ihnen denn einklich ein! Verschwinden Sie! Aber schleunigst! Sonst erstatte ich Anzeige!" So tobte Vadder zum Deich hoch.

Karl versuchte einzuwenden: „Vadder, das hört der doch ganich bei dem Knallen!"

Aber dann setzte sich das Fahrrad wieder in Bewegung und fuhr in Richtung Moorlosenkirche weiter. Nicht, ohne ab und zu eine dieser knallenden Fehlzündungen herüberzuschicken.

„Nu reg dich doch nich auf, Heini!" sagte Mudder besänftigend. „Er is dja schon weg!"

Und Vadder ließ sich grollend nieder: „Ein komischer Heini war das! So den Mantelkragen hochgeschlagen, als ob es wer weiß wie kalt wär! Wenn ich den zu fassen gekriegt hätte, hätt' der sich gratulieren können!"

„Nadja, nu is dja gut!" sagte Mudder. Sie war die einzige, die bemerkt hatte, daß Christine einen dunkelroten Kopf bekam, als das Fahrrad auftauchte. Und Christine war gottlob die einzige, die den knallenden Radfahrer mit dem hochgeschlagenen Mantelkragen erkannt hatte. Es war nämlich Alfred! Er hatte ja lange auf so einen Motor gespart.

Der Küchendienst verlief reibungslos. Als es Abend wurde, gingen die Kinder und die Eltern ins Zelt, und Karl, Gisela und Christine machten noch einen kleinen Spaziergang auf dem Deich.

Kaum waren die drei oben angekommen, als sich Christine allein aufmachte und nach dem knallenden Alfred suchte. Der stand schließlich hinter einem Gebüsch und sagte, als sie kam: „Hab ich dir gesagt, daß wir uns sehen?"

„Aber ich hab mich gewaltig verdjagt, Alfred, als ich dich da oben so langfahren sah!" meinte Christine. „Wo schläfst du denn eigentlich?"

„Oh, prima!" sagte Alfred. „Komm, das muß ich dir zeigen." Da Alfred mit dem Fahrrad hierher gefahren war, hatte er sich in der Entfernung mächtig getäuscht, und beide mußten so lange laufen, bis es stockdunkel war. An einer Stelle bog er rechts ab den Deich runter. Etwas Dunkles konnte man gerade eben noch wahrnehmen.

„Das is 'n Schuppen!" sagte Alfred. „Komm ich zeig dir, wie man da rein kommt!"

Um hineinzukommen, mußte man um das hölzerne Gebäude halb herumgehen und durch ein halbgeöffnetes Fenster die Tür öffnen.

„Wem gehört das denn?" fragte Christine.

„Och, irgend sonem Bootsklub. Das is en alter Lagerschuppen! Warte eben, ich mach Licht!"

Damit zündete er ein Streichholz an, um Christine den Raum zu zeigen.

In dem eben auflodernden Licht erkannte Christine einen mit Brettern verschlagenen Lagerraum.

„Was sind das denn für Röhren da?" fragte sie.

„Was für Röhren?" fragte Alfred.

„Die hier!" Christine wollte sie ihm zeigen, da ging das Streichholz aus.

Alfred wollte ein neues anzünden. Das fiel auf die Erde. Aber dann glückte es, und beide besahen die roten Papproöhren, die da aufgestellt waren. Christine entdeckte einen Zettel: „Vorsicht! Nicht berühren! Feuerwerkskörper für Sommerfest! Müller, Kassenwart!"

„Ah, das gehört dem Klub!" wollte Alfred sagen, als Christine mit einem Aufschrei beiseite sprang. Unter ihr hatte es gezischt. Das heruntergefallene Streichholz war einer Rakete zu nahe gekommen.

Die Tür auf und raus! Das war eins. Und nun rannten beide stolpernd und fluchend über die Wiese zum Deich, verfolgt von unberechenbar daherzischenden Raketen. Manche flogen hoch hinauf, durch das teergedeckte Dach des Schuppens, und zerplatzten irgendwo mit leuchtenden Kugeln oder einem Geknatter wie von einem Dutzend Kanonen. Immer stärker wurde der Lärm. Und bündelweise brausten die Raketen in die finstere Nacht.

„Zum Donner noch mal, was is denn das nu wieder!" sagte

Vadder, der im Zelt den Lärm hörte, als er gerade dabei war, auf seiner Luftmatratze einzuschlafen.

Willi war bereits wach: „Mönsch! Die schießen aber!"

„Nu, Willi, bleib auf deiner Matratze!" versuchte Vadder sich gegen den Krach durchzusetzen. Aber Willi war schon durch den Schlitz des Eingangs geschlüpft und starrte mit der ebenfalls wachgewordenen Frauke zu dem Feuerwerk hinüber.

Auch Mudder, die schon geschlafen hatte, rieb sich die Augen und richtete sich hoch.

„Feuerwerk!" schrie Willi ins Zeltinnere, wo Vadder gerade versuchte, aus seinem Schlafsack zu steigen.

„Richtig!" sagte Vadder zunächst, als er den knallenden Funkenregen draußen erblickte. „Feuerwerk!"

Dann sah er auf die Uhr und erkannte an ihren Leuchtziffern, daß es schon sehr spät war. „Es is doch nich zu blasen!" schimpfte er. „Eine solche Rücksichtslosigkeit is mir in meinen ganzen Leben noch nich vorgekommen. Aber daß da mal djemand gegen einschreitet – nee, da wird noch mitgefeiert und mitgeknallt, und ein Mensch, der nötig seinen Schlaf braucht – auf den seine Nerven wird da mitten inner Nacht herumgetrampelt!"

Dann schwieg er einen Augenblick und sah fasziniert auf die den Himmel durchrasenden Raketen.

Auch im Zelt der Wätzkes wurde es lebendig.

„Donnerkeil!" sagte Onkel Peter, und Max rief zu Vadder herüber: „Habt ihr gehört? Feuerwerk!"

Vadder rief gegen den Lärm an: „'türlich habn wir das gehört, sonst wären wir dja nich wach, Mensch!"

Aber seine Stimme drang nicht so weit, und Max befreite sich erst von einer Decke, um dann zu Vadders Zelt herzulaufen und zu fragen: „Ick ha nich vastann!"

Vadder, der alles, was Max sagte, als „albern" empfand, wiederholte schreiend: „Klar habn wir das gehört! Aber wir wollen djetzt kein Feuerwerk, sondern wir wollen djetzt unsere Ruhe, wolln wir, un schlafen!"

„Wir ooch!" sagte Max und sah zu dem Geknalle hinüber.

„Is Karl schon zurück?" fragte Vadder.

„Nee!" antwortete Max und starrte gebannt zum Himmel.

Die Kinder begannen jetzt laut „Ooooh!“ und „Aaaah!“ zu rufen, wenn eine Rakete zerplatzte.

Vadder versuchte, ein paar Mal sie ins Zelt zu scheuchen, aber schließlich standen alle draußen und betrachteten das nächtliche Feuerspiel.

Endlich zischte es nur noch ab und an irgendwo am Boden. Ein bengalisches Feuer ließ Willi noch einmal „Oooh!“ sagen, und dann war es wieder finstere Nacht.

„Los! Rein ins Zelt!“ kommandierte Vadder. Und alle begaben sich wieder unter ihr Dach, um sich erneut zur Ruhe zu legen.

Als sich Vadder gerade den Schlafsack um die Beine wickeln wollte, hörte er jemand draußen schreien. Sofort war er wieder hoch und sah nach draußen. „Was is denn los!“ schrie er ins Dunkle.

„Wir wollten nur noch jute Nacht sagen!“ rief Onkel Peter zurück.

„Es is ja nich – naja – Gute Nacht!“ brummte Vadder und begann aufs neue die Prozedur mit dem Schlafsack.

Er wurde noch einmal wach, als Christine mit Karl und Gisela zu den Zelten zurückkamen, dann versank er wie die andern in einen tiefen, festen Schlaf.

Vadder hatte einen merkwürdigen Traum: Er saß in einem Paddelboot auf dem Meer. Schiffbrüchig! Tagelang hatte er so auf den Wellen getrieben, und nun auf einmal sah er in der Ferne ein großes Schiff. Das konnte die Rettung bedeuten! Mit verzweifelter Kraft fing er an, auf das Schiff zuzupaddeln.

„SOS!“ schrie er. „Anhalten!“

Davon wurde Mudder wach.

„Heini!“ versuchte sie ihn zu beruhigen, aber, als sie sich aufrichtete und sich mit der Hand auf den Boden stützen wollte, fuhr sie erschreckt zurück. Der Boden war naß, sehr naß, und ein merkwürdiges Geräusch war zu hören. Es plätscherte und gluckerte, und – richtig! – das Zelt stand unter Wasser!

„Heini!“ rief sie und rüttelte Vadder wach. „Nu wach doch auf! Siehst du denn nich, daß wir hier wegschwimmen!?“

Vadder fuhr hoch.

„Zum Donnerwetter nochmal, djetzt langts mir aber!" Er wollte von seiner Luftmatraze hoch, merkte jedoch, daß der Boden ringsherum mit Wasser bedeckt war. Handhoch stand die Weser im Zelt.

Im Dunkeln fühlte er, daß da sein Hemd, das er säuberlich zusammengefaltet hatte, irgendwo im Wasser schwamm.

„Aufstehen! Los! Willi! Frauke!"

Verschlafen fuhren die Kinder hoch.

„Vadder?" sagte Willi. „Hier is dja alles voll Wasser!"

„Das weiß ich doch, Bengel!" sagte Vadder. „Nu macht schon, daß ihr aufsteht. Wir müssen eben doch auf die Wiese zurück. Und Vorsicht mit den Sachen, die im Wasser schwimmen!"

Dann hörte man von den Nebenzelten das Schimpfen der übrigen Familie.

Max erschien am Zelteingang: „Heinrich! Det Wassa is jestiejen!"

„Zum Donnerwetter! Das weiß ich!" brummte Vadder und fischte nach seinem Schlips.

Eine gute Viertelstunde dauerte es, bis alles „an Land" war.

„Alles naß!" rief Willi.

„Nu hör auf zu jeiern, Junge! Hier, faß da mal mit an und hilf Mudder die Taschen nach oben tragen!"

Mudder schleppte einige Utensilien die Wiese hinauf. „Also nee, sowas! Schrecklich!" stöhnte sie müde.

Auch die andern schimpften oder jammerten lauter oder leiser vor sich hin.

Da stellte sich Vadder in Positur und sagte: „Dja, nu Kinner, hört auf zu djammern! Das hat doch keinen Sinn! Es hilft dja nix! Wir bauen eben an einer andern Stelle wieder auf!"

Karl zog seine Zeltbahn hinter sich her und machte ein brummiges Gesicht.

„Och, Djunge! Nu stell dich doch nich an! Das kann doch mal djeden passieren. Man muß doch auch en büschen Humor haben! Wir gehn man einfach da wieder auf das Gras retur und legen uns da drüben schlafen!"

Karl ging weiter: „Prima Idee!"

„Was?" fragte Vadder.

„Das mit 'n Schlafenlegen!" meinte Karl. „Aber da wird wohl nich viel draus!"

„Wieso nich?" rief Vadder.

Karl zeigte nach Osten: „Weil da die Sonne aufgeht! Es wird doch schon hell!"

Vadder sah, daß da tatsächlich der Himmel hell war. „Nadja", sagte er, „dascha nu auch egal. Nu faß mit an, Djunge!"

Alles schleppte Sachen zu Onkel Peters „Kombiwäjelchen". Die nassen Decken wurden über einen Zaun zum Trocknen gehängt und die trockenen brachte man in den Wagen.

„Prima Wochenende!" sagte Karl.

„Was meinst du?" fragte Vadder.

„Ich hab nur gemeint: Prima Wochenende!"

„Ach was, stell dich nich an, Kaal! Sowas muß man denn mal in Kauf nehmen! Aber ihr habt dja eben keinen Sinn mehr für Romantik!"

„Nee!" sagte Karl verärgert, „für so eine nich!"

Allmählich hatten sich alle in den Wagen gesetzt und drängten sich fröstelnd aneinander. Und während Mudder ihren Mantel um Willi wickelte, sagte sie:

„Nadja, Heini, Romantik is bestimmt was Wunnerbares. Ich fühl das dja genau so wie du. Aber ich muß sagen: 'n Wochenenne zu Hause, find ich – is auch ganz schön!“

Bitte, beachten Sie auch die nächste Seite

ADA HALENZA

Madda und Kede

und andere lustige Geschichten aus Bremen

180 Seiten mit Zeichnungen von Hans Eisermann, Ganzleinen

Glauben anner Menschheit is hin

und andere Erkenntnisse von ,,Madda und Kede"

172 Seiten, Ganzleinen

,,Madda und Kede sind retour. In einer Neuauflage und mit einem Vorwort, das den Bogen herüberschlägt aus den Fünfzigern in die siebziger Jahre. »Soll'n wir beiden Hübschen doch wahrhaftig nochma' wieder zu Worte komm'n?« fragt Madda da. Auch ihre Freundin Kede ist nicht sicher, »daß einer heutigentachs noch Fiduz auf unser Schnackewerk hat«. Doch solche Sorgen sind wohl überflüssig. Wer Ada Halenzas Büchlein noch nicht im Bücherschrank hat und einen Gusto verspürt auf liebenswert-typisch Bremisches, der sollte Madda und Kede nicht links liegen lassen. Und auch all die anderen hübschen Geschichten, die nicht von diesen beiden Damen handeln, werden ihm sicher gefallen."

Weser-Kurier

,,Wer herzhaft lachen, schmunzeln und grienen will und darüber hinaus das »Bremer Missingsch« als eine sprachliche Eigenart der Hansestadt akzeptiert, dem hat Ada Halenza mit ihren neuesten Geschichten von »Madda« und »Kede« eine besondere Freude bereitet. Die auch durch eine Hörspielserie von Radio Bremen bekanntgewordene Autorin hat umwerfende Erlebnisse und heitere Begebenheiten aus Bremen aufgezeichnet, im Bremer Missingsch, also einer Mischung von Hoch- und Plattdeutsch, die nur in Bremen zu Hause ist. Ada Halenza »kann's halt nich helfen«, der Glaube an Madda und Kede (zu deutsch: Martha und Käthe) »is nich hin«."

Nordwest-Zeitung

CARL SCHÜNEMANN VERLAG BREMEN